Les Notions des Zeno sur les Pays Transantlantiques: Nouvelles Preuves de leur Véracité

Eugène Beauvois

LES

NOTIONS DES ZENO

SUR LES PAYS TRANSATLANTIQUES

NOUVELLES PREUVES DE LEUR VÉRACITÉ

PAR

Eug. BEAUVOIS

Extrait de la *REVUE DES QUESTIONS SCIENTIFIQUES*
3ᵉ série, t. VI, juillet 1904, pp. 121-144 et octobre 1904, pp. 535-572.

LOUVAIN

IMPRIMERIE POLLEUNIS & CEUTERICK

32, RUE DES ORPHELINS, 32

Même maison à Bruxelles, 37, rue des Ursulines

—

1904

LES NOTIONS DES ZENO

SUR LES PAYS TRANSATLANTIQUES

NOUVELLES PREUVES DE LEUR VÉRACITÉ

I. L'ICARIA

La relation des Zeno, ces célèbres navigateurs vénitiens
qui visitèrent à la fin du XIVᵉ siècle plusieurs îles et contrées situées au nord et à l'ouest des Iles Britanniques,
ayant été éditée, traduite et commentée bien des fois,
il n'est pas indispensable de traiter ici des généralités et
de revenir sur certaines questions que nous avons exami-
nées dans quatre mémoires (1) et auxquelles nous n'aurions
guère à ajouter pour le moment ; mais il en est d'autres
que nous avons laissées de côté ou qui demandent de
nouvelles explications ; car dans une science en formation,
comme c'est le cas pour l'histoire de l'Amérique précolom-

(1) *La Découverte du Nouveau Monde par les Irlandais et les pre-
mières traces du Christianisme en Amérique avant l'an 1000* (Extr.
du COMPTE RENDU du *Premier Congrès international des América-
nistes*, t. I, pp. 87-90), Nancy, 1875, in 8°; — *Les Colonies européennes du
Markland et de l'Escociland au XIVᵉ siècle* (Extr. du COMPTE RENDU du
Deuxième Congrès des Améric., t I, pp. 24-40), Nancy, 1877, in-8°; — Les
Skrœlings, ancêtres des Esquimaux dans les temps précolombiens
(Extr. de la REVUE ORIENTALE ET AMÉRICAINE, Paris, 1879, in-8°, pp. 42-46); —
La véracité des Zeno et l'authenticité de leur carte (dans le COMPTE RENDU
du *IVᵉ Congrès internat. des sciences géographiques*, 1889, t. I, pp. 431-
441); — *Les Voyages transatlantiques des Zeno. Leur relation est-elle
véridique et leur carte authentique ?* (Extr. de LE MUSÉON, t. IX). Louvain,
1890, in-8°, 42 pages.

bienne, on aura pour longtemps à faire d'autres recherches avant d'être à peu près fixé sur les faits admissibles et les dates même approximatives. Il ne faut donc pas être surpris de ce qu'un chercheur reprenne pour la sixième fois le même sujet pour l'envisager sous divers aspects et mettre en lumière ce qu'il avait laissé dans l'ombre.

Nous nous bornerons pour aujourd'hui à traiter d'abord de l'*Icaria* ou île de Terre-Neuve, ensuite de l'*Estotilanda* et du pêcheur *frislandais* qui en a donné une relation ; puis de *Drogio* où il fit naufrage et des tribus barbares où il fut captif ; enfin du pays civilisé situé au sud-ouest de l'Amérique du Nord et où, d'après deux documents espagnols absolument indépendants l'un de l'autre, le passage d'un *Papa* blanc et barbu à la même époque, produisit chez les Mexicains une énorme sensation qui fut renouvelée et augmentée à l'arrivée des Espagnols. Nous essaierons, tout en nous tenant fort près des textes et en les expliquant d'une manière rationnelle, de montrer leur suggestive concordance qui ne peut être purement fortuite. C'est trop peu sans doute, mais dans une matière où nous n'avons pas, comme les érudits qui traitent d'événements beaucoup plus récents, l'inappréciable avantage de nous appuyer sur des monuments et vestiges des temps en question (inscriptions, médailles, sceaux, actes authentiques, etc), les concordances mutuelles des relations ou traditions avec les faits constatés postérieurement sont à peu près le seul moyen de contrôler les récits et d'en vérifier l'exactitude. Telle est la méthode que nous avons constamment suivie dans nos études sur l'Amérique précolombienne et que nous allons encore essayer d'appliquer rigoureusement, non à toute la relation des Zeno, car nous laissons de côté les îles et contrées estatlantiques (Frislande, Shetlands) ou nordatlantiques (Islande, Grœnland, Monastère de Saint-Thomas), pour nous en tenir à peu près exclusivement aux pays ouestatlantiques (Icaria, Estotilanda, Drogio, etc.).

En 1390, un armateur vénitien de grande famille, Nicolò Zeno, se rendant en Angleterre pour son commerce, fut assailli par une tempête et jeté sur le littoral d'une île, située entre les Shetlands et l'Islande et appelée *Frislanda* (Terre des Frisons) dans les cartes du moyen âge (aujourd'hui le groupe des Færœs). Il y fut bien accueilli par *Zichinni* ou *Zicno*, c'est-à-dire le *maître* d'une bande de corsaires qui en occupaient la partie la plus méridionale. Ces Frisons, profitant de la faiblesse du roi de Norvège, Erik de Poméranie, encore enfant et sous la tutelle de sa tante, la Grande Marguerite Valdemarsdatter, qui était en guerre avec la Suède et les villes Hanséatiques, s'étaient soulevés et, avec le concours des navigateurs vénitiens, ils s'emparèrent du reste de l'Archipel. Peu après, renforcés par les *Frères Vitaliens*, qui avaient été expulsés de la Suède et de la Norvège (1395), ils portèrent leurs armes dans les Shetlands, puis en Islande (1396), et s'avancèrent jusqu'au Monastère de Saint-Thomas, situé au pied d'un volcan (probablement le Beerenberg) dans l'île Jan-Mayen. Nicolò Zeno, dont la santé était altérée par la rigueur de la température, mourut au plus tard en 1398. Son frère Antonio, qui l'avait rejoint depuis quatre ans, en passa encore dix (jusque vers 1406-1408) au service de Zicno. C'est le seul des deux qui, pour avoir pris part aux explorations dans le nouveau monde, intéresse directement notre sujet.

Voici à quelle occasion il fut mêlé aux expéditions transatlantiques : vingt-six ans auparavant (c'est-à-dire entre 1370 et 1374), un pêcheur frislandais, dont nous aurons à parler plus loin, avait été poussé par un ouragan vers le littoral de l'*Estotilanda*, pays civilisé, situé à plus de 1000 milles à l'ouest de la Frislande. Après y avoir longtemps séjourné de gré ou de force, il en était revenu et s'offrait à y conduire Zichinni. Il mourut pendant que l'on faisait les préparatifs d'une expédition transatlantique. Ceux-ci ne furent pas moins poursuivis parce qu'il restait pour guides des marins venus, avec le pêcheur, du lointain pays d'autre mer. Vers 1400 (ou, pour parler plus exactement, entre 1396-1398 et 1406-1408, dates approximatives, l'une du décès de Nicolò Zeno, l'autre du décès de son frère Antonio), on mit à la voile en se dirigeant vers l'ouest (1).

Une violente tempête, qui dura huit jours, dispersa et désorienta les navires ; le calme rétabli, une partie d'entre eux se rallièrent et, « poussés par un bon vent, écrivit Antonio Zeno (2), nous découvrîmes à l'ouest une terre (3) vers laquelle nous fîmes voile. Nous entrâmes dans un port abrité et sûr, où quantité de gens en armes et prêts à combattre accoururent sur le rivage pour la défense de l'île. Zichinni ayant alors fait des signes de paix, les insulaires lui dépêchèrent dix interprètes qui parlaient dix langues, mais aucun d'eux ne put se faire comprendre si ce n'est un Islandais (4). Celui-ci, conduit devant notre prince qui lui demanda comment s'appelait cette île, quel peuple l'habitait et qui la gouvernait, répondit qu'elle se nommait *Icaria* et que tous les rois qui s'y étaient succédé

---

(1) Contrairement à notre habitude, nous n'avons pas commenté chacune des assertions contenues dans ce paragraphe, parce que c'est un simple résumé du mémoire sur *Les Voyages transatlantiques des Zeno* où l'on trouvera les preuves avec de copieuses explications.

(2) Malgré l'importance de cette lettre nous n'en reproduisons pas le texte, assez connu pour avoir été édité bien des fois. — Quant à la traduction, aussi littérale que possible, elle était nécessaire ne fût-ce que pour montrer comment nous comprenons ce récit d'ailleurs généralement très clair malgré l'obscurité de la matière.

(3) A propos de l'expression « *scoprimo da ponente terra* », M. H. Major (*The Voyages of Nicolò and Antonio Zeno*, Londres, 1873, in-8o, p. 26, note 2) fait remarquer que *da ponente* peut s'appliquer tout à la fois à la situation de l'île et à celle des navigateurs. Il se prononce pour cette dernière alternative et traduit le passage par ces mots : « *We discovered land on the West* ». Nous adoptons cette interprétation d'autant plus qu'en faisant le tour de l'île, ils arrivèrent à un port situé à l'est (voy. *infra*, p. 126).

(4) « *Un d'Islanda* » porte le texte (p. 27 de l'édit. Major). Ce savant n'était donc pas autorisé à traduire par : « *one that was from Shetland* », alors même que le terme *islande* (les îles, p. 11) devrait s'interpréter par *les Shetlands*, ce qui n'est pas le cas : celles-ci étant nommées *Estland* sur la carte des Zeno, où les dénominations d'*Islanda* et *Islande* s'appliquent incontestablement à l'Islande et aux îlots voisins ou même à ses promontoires.

s'appelaient *Icares*, d'après le premier d'entre eux. Ce prince, que l'on dit avoir été fils de Dédale, roi d'Écosse, ayant établi sa domination dans l'île, laissa son fils pour la gouverner avec des lois qui, depuis, sont restées en vigueur ; après quoi, voulant pousser plus loin ses explorations, il fut submergé dans une grande tempête qui s'éleva. La mer où il périt fut appelée *Icarienne* et les rois de l'île, *Icares*. Comme les habitants étaient satisfaits de la condition où Dieu les avait placés, ils ne voulaient pas d'innovations dans leurs coutumes ni recevoir d'étrangers ; c'est pourquoi ils priaient notre prince de ne pas violer les lois qu'ils avaient reçues de ce roi d'heureuse mémoire et observées jusqu'alors ; qu'il ne le pourrait d'ailleurs faire sans s'exposer à un péril évident, car tous étaient prêts à sacrifier leur vie, plutôt que de s'écarter en quelques points de leurs coutumes. Cependant pour ne pas avoir l'air de repousser toutes relations avec les étrangers, ils conclurent en disant qu'ils auraient volontiers reçu un des nôtres pour en faire un de leurs principaux personnages, et cela uniquement dans le but d'apprendre ma langue (1) et prendre connaissance de nos mœurs, comme ils l'avaient fait pour dix interprètes de dix autres pays différents qui étaient venus dans l'île. A quoi notre prince ne fit pas d'autre réponse que de donner signal d'appareiller pour un bon port qu'il avait fait chercher ; toute la flotte, voguant à pleines voiles, fit le tour de l'île et entra dans un port qu'on lui avait signalé du côté de l'est. On y fit escale et les marins allèrent faire de l'eau et du bois avec toute la diligence possible, de peur d'être attaqués par les indigènes. Cette appréhension n'était pas sans fondement : les habitants de cette localité, ayant fait appel à leurs voisins par des signaux de feu et de fumée, furent bientôt armés et, à l'arrivée des autres, ils descendirent sur le

---

(1) Il ne faut pas perdre de vue que ce passage est tiré d'une lettre d'Ant. Zeno et que par conséquent il s'agit ici de la langue italienne et non du frison, ni de l'idiome des Færœs que l'interprète islandais aurait compris.

rivage en si grand nombre que leurs armes et leurs flèches tuèrent et blessèrent plusieurs des nôtres. Il ne servait de rien qu'on leur fît des signes de paix : ils s'acharnaient de plus en plus, comme s'ils eussent combattu pour des intérêts suprêmes. Aussi fûmes-nous forcés de lever l'ancre et, en faisant un long circuit, nous longeâmes l'île à distance, toujours accompagnés, sur les monts (1) et sur les côtes, par un nombre infini d'hommes armés. Après avoir doublé le cap du nord, nous trouvâmes de grands basfonds au milieu desquels nous fûmes pendant dix jours continuels en danger de perdre la flotte ; heureusement que le temps fut toujours très beau. Poursuivant ainsi notre route jusqu'au cap de l'est, nous vîmes partout les insulaires au sommet des monts ou venant à nous sur le rivage et, par leurs cris et leurs flèches décochées de loin, nous montrant sans cesse les mêmes sentiments hostiles. C'est pourquoi nous résolûmes de nous arrêter dans un port sûr et de chercher à rentrer en pourparlers avec l'Islandais, mais sans y parvenir parce que la population, presque tout à fait déraisonnable en ce point, était continuellement en armes, avec le propos délibéré de nous combattre si nous avions tenté une descente. Aussi Zichinni, se voyant dans l'impossibilité de rien faire ou exposé à manquer de vivres s'il eût persévéré dans son dessein, fit mettre à la voile par un bon vent et fut poussé pendant six jours par un vent d'ouest (2) qui souffla

(1) Presque de tous côtés, Terre-Neuve présente à la mer une côte abrupte et formidable (Elisée Reclus, *Nouv géogr. univ.*, t. XVI. p. 638) ; ce que l'on ne pourrait dire d'aucune des autres îles un peu importantes de ces parages, pas plus d'Anticosti avec ses grèves assez basses que des îles du Cap Breton et du Prince Édouard, ou que du petit archipel de la Madeleine (Id., *ibid*, t XV, pp. 569, 579)

(2) « Navigando sei giorni per ponente » (p. 30 de l'édit. Major). Si l'on voulait, comme l'ont fait plusieurs de nos prédecesseurs (I. Isac Pontanus, *Rerum Danicarum historia*, Amsterdam, 1631, in-fol., p. 762, où on lit : « sex ipsos dies in occasum *contendit*. Sed enim vento *en Africum* commutato... » ; Bredsdorff, p. 574 du t III de *Grœnlands historiske Mindesmærker* ; N.-A. E. Nordenskiöld, p. 18 de ses *Studier och forskningar* ;

ensuite du sud-ouest ; la mer devint agitée et, pendant quatre jours, la flotte eut le vent en poupe. Nous découvrîmes finalement la terre (1). »

C'était l'extrémité méridionale du Grœnland, près de la source thermale de l'îlot d'Ounartok (2), situé par 60°32' de lat. N. Comme il n'y aurait guère à ajouter à ce qui a été dit ailleurs (3) de l'établissement qu'y firent les Frislandais, nous arrêtons ici l'extrait de la relation des Zeno. On voit par le récit même d'Antonio Zeno qu'il ne se pose pas en grand explorateur ; il ne se donne pas comme le commandant de la flotte qui décrouvrit l'Icaria et il ne fait pas de celle-ci une île du nouveau monde. On ne peut non plus supposer que Nicolò Zeno le Jeune ait voulu attribuer à des Vénitiens la gloire d'avoir précédé le Génois Chr. Colomb dans la découverte des Indes Occidentales ; car il avoue au contraire que les explorateurs italo-frislandais ne purent retrouver le grand continent à eux signalé et même parcouru par un obscur pêcheur frislandais. Quant au Grœnland, il n'en fait pas explorer les côtés par Ant. Zeno, mais bien par Zichinni et, au lieu de le donner pour une partie du nouveau monde, il le rattache mal à propos à l'ancien. Il a pu être malhabile dans la reproduction de la carte de ses

---

H. Major, p. 30 de l'édit.), traduire « navigando per ponente » par « naviguant vers l'ouest », au lieu de « poussé par un vent d'ouest », la relation deviendrait inintelligible, et en tout cas elle serait en contradiction avec la carte ; car il eût été impossible qu'un navire partant de l'Icaria (Terre-Neuve) atteignît le Grœnland en se dirigeant vers l'ouest ; il s'en fût au contraire éloigné et eût été jeté sur le littoral de l'Estotilanda que Zichinni chercha sans pouvoir le trouver.

(1) *Relat des Zeno*, pp. 26-30 de l'édit. Major.

(2) L'unique autre source thermale que l'on connaisse en Grœnland, celle de la terre Henry, située par 69°34' de lat. N., sur la côte orientale du Grœnland (N. Hartz, Rapport sur une partie de l'expédition Amdrup, dans *Meddelelser om Grœnland*, t. XXVII. Copenhague, 1902, p 159, cfr. p. 567) est en effet beaucoup trop éloignée vers le nord pour être regardée comme celle que vit Ant. Zeno.

(3) *Les Voyages transatlantiques des Zeno*, dans LE MUSÉON, t. IX, 1890, pp. 459-462, 470-473 ; — Cfr. *Les Skrœlings*, pp. 42-45.

ancêtres et dans la graduation qu'il y ajouta ; ignorant dans la transcription des noms et trop peu critique dans l'emploi de ses matériaux, mais on ne doit suspecter ni l'authenticité de ces derniers ni la sincérité de l'éditeur (1).

On ne lui connaît aucun intérêt à mentir, et la meilleure preuve qu'il n'a pas fait un roman pour la plus grande gloire de ses ancêtres, mais qu'il a de son mieux reproduit leurs lettres, leur relation, leur carte, c'est la sûreté de ses informations. « La carte publiée par N. Zeno le Jeune, dit G. Moletti, son contemporain, est confirmée de point en point par des explorations récentes, comme cela résulte de lettres et de portulans envoyés de diverses parts à l'éditeur. » On ne prétend pas que tout y soit exact, tant s'en faut ! Mais elle se rapproche de la réalité plus qu'aucune autre du même temps. La configuration du Danemark et du golfe de Christiania y est meilleure que dans la carte, pourtant si vantée, du Suédois Olaus Magnus (1re édit. 1539) ; le Grœnland y est mieux représenté et surtout mieux placé et plus complet que dans les cartes des xve et xvie siècles (2). On n'est donc

_____

(1) P. Zurla, *Di Marco Polo i degli altri Viaggiatori Veneziani*, Venise, 1818, in-4°, t. II, pp. 8-13.

(2) Chez les uns il est disproportionnément étroit et avec peu ou point de noms : d'autres n'en donnent que l'extrémité méridionale, ou lui attribuent des contours fantastiques, tout en le plaçant au nord de la Norvège. — Pour se rendre compte de la supériorité de la carte des Zeno, on n'a qu'à comparer leur Grœnland avec ceux de Donnus Nicolaus Germanus (dit Donis) dans six cartes dressées entre 1466 et 1482, reproduites en phototypie dans *The Discoveries of the Norsemen in America*, par le P. Jos. Fischer, trad. par B.-H. Soulsby, Londres, 1903, in-8° ; avec celui de la *mappemonde* de Waldseemuller en 1507, extraordinairement amélioré dans la *carta marina* du même en 1516 et qui le disputerait à celui des Zeno s'il portait la nomenclature : tous deux reproduits par le P. J. Fischer ; avec ceux de B. Bordone (Venise, 1437), de l'édition de Ptolémée, par Pedrezano (Venise, 1548), et d'Olaus Magnus (Bâle, 1567). Il faut descendre jusqu'à la mappemonde de Mercator (Duisburg, 1569) pour trouver une carte du Grœnland aussi bonne que celle des Zeno, mais c'est qu'elle a été copiée sur la leur. Les nombreux cartographes postérieurs qui ont omis de faire de même ont perpétué jusqu'au xviie siècle de plus mauvaises configurations du Grœnland.

pas fondé a dire que Nic. Zeno le Jeune ait fait un pastiche de celles-ci ; tout au plus, leur a-t-il fait quelques
emprunts. Sa principale source est, nous dit-il, « la *carta
da navigare*, que je me trouve avoir encore dans les
archives de notre maison ; quoiqu'elle soit pourrie et
tombe de vétusté, j'ai réussi assez bien » à la copier (1).
Il ajoute ailleurs que Zichinni explora tout l'Engroneland, ainsi que les rivières [golfes] situées des deux
côtés. Il l'inférait de ce que cette contrée était cartographiée en détail, quoique la relation du voyage fût
perdue (2).

Ne revendiquant ni pour lui ni pour sa famille le mérite
d'avoir été le premier à relever les côtes du Groenland, il
mérite d'autant mieux d'être cru quand il attribue la
reconnaissance de ces plages à Zichinni, sans savoir
d'ailleurs si ce dernier, comme il en avait bien le droit,
s'était aidé de travaux supposables de navigateurs scandinaves ou autres. Il ne donne même pas à croire
qu'Antonio Zeno ait pris la moindre part à cette exploration, puisqu'il le fait repartir pour le sud avant qu'elle ait
eu lieu (3). Il laisse à un corsaire des Færœs tout l'honneur d'avoir fait mieux qu'aucun des géographes des deux
siècles suivants et, étant lui-même désintéressé dans la
question, il n'avait aucun motif de donner comme auteur
du remarquable portulan du Groenland un obscur navigateur frislandais et d'avantager ainsi un étranger au
détriment de quelque explorateur également inconnu
dont les levers auraient servi à dresser la fameuse carte
de la bibliothèque Zamoiski ou l'une de celles de Donnus

---

(1) Di queste parti di tramontana m'è paruto di trarne una copia della
Carta da navigare, che ancora mi trovo havere tra le antiche nostre cose
di casa ; la quale, con tutto che sia marcia é vecchia di molti anni m'è
riuscita assai bene (Nic. Zeno le Jeune, dans *Relat* édit Major, pp. 5 et 6).

(2) Perche la veggo particolarmente discretta nella *Carta da navigare*
nondimeno la narratione è perduta (Id *ibid.*, p. 33).

(3) *Rel. des Zeno*, pp 32 et 33 de l'édit. Major.

Nicolaus Germanus (vers 1474) ou de Waldseemüller (1516) ou toute autre indûment préférée à celle des Zeno.

Après ces rapides considérations générales sur la véracité des frères Zeno et la sincérité de leur éditeur, examinons quelques points obscurs se rattachant plus particulièrement à la présente étude. Sur leur carte marine, un littoral accompagné de son nom *Estotiland* (1) et ne portant d'autres indications topographiques que trois monts, deux rivières et deux villes, est placé au sud-ouest du Grœnland et à l'ouest-sud-ouest d'un groupe de croix, qui marque, croyons-nous, la vraie situation de la Frislanda (2) (Færœs), entre l'Islande et les Shetlands. L'*Icaria* qui est au nord-ouest de l'Estotilanda et au sud-ouest de la pointe méridionale du Groenland, est donnée comme une grande île et ne peut correspondre qu'à Terre-Neuve, tandis que l'Estotilanda, qualifiée d'île un peu moins grande que l'Islande, doit être la péninsule située au sud de l'estuaire du Saint-Laurent, c'est-à-dire le Nouveau-Brunswick et la Gaspésie.

On ne doit pas prendre à la lettre la vague appréciation du pêcheur frislandais qui croyait l'Estotilanda située à 1000 milles à l'ouest des Færœs ; mais cette indication a dû tromper Zichinni et Ant. Zeno, puisque, pour y aller, la flotte frislandaise fit voile du côté de l'ouest ; or si elle avait continué à naviguer dans cette direction, elle fût arrivée vers la partie méridionale du Groenland qui

---

(1) *Sic* sur la carte des Zeno, au lieu d'*Estotilanda* que porte leur relation (pp. 19, 24 et 25 de l'édit. Major).

(2) Ce qui nous autorise à le supposer, c'est que ces croix occupent à peu près la position réelle des Færœs entre l'Islande et les Shetlands Comme le cartographe n'aurait pu tracer la configuration de ce groupe d'îlots dans cette carte à une si petite échelle, il s'est borné à indiquer leur vraie situation, en rejetant plus loin vers le sud-ouest, dans un espace vide de l'Océan Atlantique, la carte spéciale de la Frislande dressée à une échelle 50 à 60 fois plus grande. Comme on le fait souvent pour les cartes marines, il n'a dessiné que les contours extérieurs, sans tenir compte des étroits bras de mer qui séparent les îlots, de sorte que tous ceux-ci paraissent former un seul petit continent.

est assez éloignée de Terre-Neuve ou, pour mieux dire, de l'Icaria, comme Ant. Zeno le constata dans le cours de la même expédition. Il faut donc admettre que la tempête fit dévier la flotte vers le sud-ouest et la poussa à l'ouest d'une des deux longues presqu'îles méridionales de Terre-Neuve, soit celle qui s'avance vers Saint-Pierre et les Miquelons, soit plutôt celle d'Avalon, car si l'on admet (1) que la flotte de Zichinni était à l'ouest de la terre lorsqu'elle la découvrit, soit dans la baie de Plaisance, soit dans celle de Sainte-Marie, elle se trouvait alors à peu de distance du port oriental qu'elle gagna en faisant le tour de l'île (2). Il est naturellement impossible et d'ailleurs inutile de chercher, d'après des données incomplètes, à déterminer de quel port il s'agit ici : on a le choix entre de nombreuses anses situées à l'est de la péninsule d'Avalon et l'excellent port de Saint-John qui est le siège actuel du gouvernement insulaire.

La flotte continua de longer Terre-Neuve et, après avoir doublé soit l'îlot de Quirpon, soit le Cap Normand, elle eut à éviter les écueils semés dans le détroit de Belle-Isle et sur la côte occidentale de l'île comme les récifs des Fleurs, ceux de Vieux-Férolle et de l'Ile Verte, ceux des Ilots aux Phoques, ceux de Pointe-Férolle à la baie Saint-Jean, ceux du Cap des Vaches et du Cap Grégoire Port-à-Port (3). Elle acheva le tour de Terre-Neuve en regagnant son point de départ, le cap de l'est, où Zichinni tenta vainement de se mettre de nouveau en relation avec l'Islandais. De tous les interprètes, celui-ci fut le seul compris des navigateurs : l'idiome des Færœs est en effet très rapproché de l'islandais et, quoique le frison alors parlé dans le sud de ce groupe d'îles en soit un peu

(1) Voy. *supra*, p. 124, note 3.

(2) Circondando l'isola si cacciò... in un porto mostratogli dalla banda di levante (*Rel. des Zeno*, édit. Major, p. 28).

(3) Voy. Edm. M. Blunt, *The American Coast Pilot*, 21e édit. New-York, 1867, gr. in-8o, pp. 28, 53 et 57.

plus éloigné, il est pourtant de la même famille, et les Frislandais nordatlantiques n'étaient pas sans savoir le dialecte de leurs voisins et sujets d'origine scandinave.

Le nom d'*Icaria*, qui est attribué à Terre-Neuve et qui semble donner à la relation un caractère fabuleux (1), en est au contraire la confirmation indirecte, car il n'a évidemment rien à faire avec le fils de l'Athénien Dédale : l'expression « dicono » (on rapporte) (2), employée à propos de ce dernier, indique assez que la généalogie est une interpolation d'Antonio ou de Nicolò Zeno le Jeune, induits en erreur par une réminiscence classique. L'origine écossaise de la dynastie n'a rien d'invraisemblable, puisque, au moyen âge, le nom de *Scot* était appliqué tout à la fois aux Gaëls d'Irlande et à ceux d'Albanie, et que les Scandinaves signalent des Gaëls sur les rives du golfe Saint-Laurent au xe siècle (3) et que le pêcheur frislandais en retrouva, comme on va le voir, dans l'Estotilanda.

Les chefs écossais de Terre-Neuve pouvaient a juste titre êtres qualifiés d'Icares, puisqu'ils régnaient sur un pays de ce nom. On sait, en effet, par des documents

(1) Si un commentateur, ignare ou sans critique, de quelque relation ancienne où il serait parlé de la mer de Kara, à l'est de la Nouvelle-Zemble, ou de la péninsule de Kerry, au sud-ouest de l'Irlande, mettait un de ces noms en connexion avec celui d'Icare, il ne s'ensuivrait pas que cette mer ou cette presqu'île n'eussent jamais existé ou que la relation fût controuvée.

(2) Disse che l isola si chiamava Icaria, e che tutti i re, che haveano regnato in quella si chiamarono Icari dal primo re che vi fu, che dicono esser stato figliuolo di Dedalo, re di Scotia (*Rel. des Zeno*, édit. Major, p. 27). — Serait ce là un écho de l'une de ces traditions grecques, soit sur Saturne et Hercule, que Plutarque (voy. notre mémoire sur l'*Élysée des Mexicains*, dans la REVUE DE L'HISTOIRE DES RELIGIONS, 1884, t. X, pp. 3-8) dit avoir été répandues sur le littoral de la Néotide transatlantique [golfe de Saint-Laurent], soit sur les Amazones et que nous signalons comme ayant été fort anciennement connue dans les deux Amériques (*La Fable des Amazones chez les indigènes de l'Amérique précolombienne*, devant paraître en 1904 dans la REVUE DES QUESTIONS HISTORIQUES). — Le nom d'*Ikária*, fort commun dans la nomenclature géographique des Kalalis, aurait pu donner idée de localiser la légende de Dedale chez les Esquimaux de Terre-Neuve.

(3) E. Beauvois, *La Découverte du Nouveau Monde par les Irlandais*, passim ; *Les Colonies europ. du Markland et de l'Escociland*, p. 13.

scandinaves (1) que les Skrælings ou Esquimaux (2) habi-
taient anciennement l'île de Terre-Neuve ou Petit-Hellu-
land, appelé ainsi par opposition au Grand-Helluland ou
Labrador ; il y en avait même dans le Markland et beaucoup plus loin vers le sud, dans le Vinland (3) ou littoral
nord-est des États-Unis. Même dans les temps modernes
où ils ont partout cédé la place aux Peaux-Rouges, si ce
n'est dans le Grœnland et quelques parties des terres
boréales, ils continuèrent à fréquenter les parages de
Terre-Neuve et, jusqu'au XVIIIᵉ siècle, on n'avait jamais
rencontré dans cette île d'autres indigènes que des Esquimaux venus du Labrador pour chasser et trafiquer (4).
Il est donc permis de penser qu'ils ont donné à Terre-
Neuve un nom tiré de leur langue ; or dans le kalali,
dialecte esquimau du Grœnland, qui est encore habité
par les descendants des Skrælings, nous trouvons beaucoup de localités appelées *ikâriâk* (avec suffixe *ikâriâ*) et
ikârbik ou *ikarblik* (lieu d'où l'on passe à travers un
détroit, un golfe, un cours d'eau) ou de noms de même
racine, comme *ikardluk* (récif, banc, bas-fond), *ikarisak*
(détroit), *ikera* (baie), *ikerdlek* (île dans un golfe), *iker-
soak* (grand golfe) (5). L'*Icaria*, ou sous sa forme kalali

---

(1) *Gripla*, dans *Grœnlands historiske Mindesmærker*, t III, Copenhague, 1845, in-8°, p. 225, cfr. p 227.

(2) Sur ce peuple, voyez notre mémoire sur *Les Skrælings ancêtres des
Esquimaux*.

(3) *Islendingabók*, ch. 5 dans *Grœnlands hist. Mindesm.*, t. I, p 270,
cfr pp. 228, 229, 240-244, 422-430 et 716.

(4) Baron de Lahontan, *Mém. de l'Amérique septentr.*, Amsterdam,
1728, in-18, t II, p. 33; P. F.-X. de Charlevoix, *Hist. de la Nouvelle-France*,
Paris. 1744, in-4°, t. I, p. 421 ; t. III, p. 178.

(5) O Fabricius. *Den grœnlandske Ordbog*, Copenhague, 1804, in-18,
pp 94 et 95 ; Sam. Kleinschmidt, *Den grœnl. Ordbog*, ibid., 1871, in-8°,
pp. 78 et 79 ; H. Rink, *Orthogr. et etymol. des noms de lieu en grœnlan-
dais*, supplém à *Mineralogiske Reise i Grœnland* de Giesecke, publié par
F. Johnstrup ibid , 1878, in-8°. pp. 359 et 360 , et *The Eskimo Tribes*, ibid.,
1887, in-5°, p. 100 (ces deux ouvrages formant les t I et IX de *Meddelelser
om Grœnland*) ; Fr. Boas, *The central Eskimo*, p. 663 de SIXTH ANNUAL
REPORT OF THE BUREAU OF ETHNOLOGY, 1884 1885, édité par J.-W. Powell,
Washington, 1888, grand in- 8°.

Ikâriá, serait donc la contrée à travers laquelle passaient (1) les Esquimaux du Grœnland ou du Labrador pour rejoindre leurs congénères du Markland (Nouvelle-Écosse) ou du Vinland (États-Unis).

Que les Skrælings de l'Icaria aient reçu des lois d'un prince écossais, on n'en saurait être surpris, quoique le fait ne soit confirmé par aucun autre témoignage ; il n'est du moins pas sans analogues : Terre-Neuve a toujours été dans les temps modernes sous la dépendance de souverains (Français ou Anglais) qui comptent parmi leurs sujets des Gaëls d'Irlande et d'Écosse ou leurs congénères (Gallois et Armoricains) ; et, pendant des périodes plus ou moins longues du moyen âge, les contrées les plus voisines de Terre-Neuve ont été occupées par des Européens : le Grœnland, le Markland et le Vinland par des Scandinaves, le littoral de la puissance canadienne par des Gaëls qui, eux aussi comme les chefs de l'Icaria, prohibaient toute relation entre leurs sujets et les étrangers (2). Le parallélisme ne se bornait pas à cette sévère xénélasie, il s'étendait aussi aux noms des colonisateurs : *Estotilanda*, comme le Nouveau-Brunswick est appelé par Ant. Zeno, n'étant qu'une forme de *Scotland*, et ces deux noms étant synonymes de Pays des Gaëls, soit d'Ecosse, soit d'Irlande.

(1) C'est ainsi qu'un îlot des Antilles, situé entre Puerto-Rico et l'île de Saint-Thomas, est nommé *Pasage* (alias *Culebra*). Il y a en France et en Espagne plusieurs localités nommées *Passage*, sans compter que ce mot entre (sous les formes de πόρος en grec, *ford* en anglais, *furt* en allemand, *port* en français) dans la composition de beaucoup d'autres dénominations géographiques. Chez les Grecs et les Romains, le passage qui unit la mer d'Azov à la mer Noire, le détroit de Caffa ou Bosphore cimmérien, a donné son nom à toute une grande contrée située sur ses deux rives, le *Regnum Bosporanum*.

(2) *Eyrbyggja Saga*, ch. 47 — Cfr. *La découverte du Nouveau-Monde par les Irlandais*, pp. 53 et 54.

II. LE RÉCIT DU PÊCHEUR FRISLANDAIS ET SA VÉRACITÉ

Quoique le récit du pêcheur frislandais eût précédé l'expédition en Icaria, nous avons dû le laisser de côté pour ne pas séparer du voyage du narrateur celui d'un *Papa* ou prêtre de race blanche qui l'avait soit accompagné, soit suivi peu après au Mexique. Comme nous en avons déjà donné le texte et la traduction (1), il suffira de reproduire celle-ci pour que le lecteur puisse facilement suivre nos explications. Nicolò Zeno le Jeune, qui nous a transmis cette curieuse relation, avec celle de l'expédition à laquelle elle donna lieu (2), y ajouta quelques lignes d'avant-propos : « Le conquérant de la Frislanda, dit-il, Zichinni, homme d'intelligence et de valeur, avait sérieusement pris à cœur de se rendre maître de la mer. Pour tirer bon parti de Messire Antonio [Zeno], il voulut l'envoyer avec quelques navires vers le couchant, car de ce côté certains de ses pêcheurs avaient découvert des îles très riches et très populeuses ; découverte que M. Antonio raconte dans une lettre à M. Carlo, son frère, en ces termes presque textuels, si ce n'est que quelques mots anciens et le style ont été modifiés, mais la matière est conservée dans son essence (3) :

» Il y a vingt-six ans partirent quatre embarcations de pêcheurs qui, assaillis par une grande tempête, marchèrent plusieurs jours, comme perdus à travers la mer, jusqu'à ce que finalement, l'air s'étant calmé, ils découvrissent une île appelée Estotilanda, située au couchant à la distance de plus de mille milles de la Frislanda. Sur le littoral se brisa une des embarcations et six hommes qu'elle portait furent pris par les insulaires et emmenés à

---

(1) Dans *Les Colonies europ. du Markland et de l'Escociland,* pp. 25-31.

(2) C'est le voyage vers l'Icaria, déjà raconté (*supra*, pp. 123 et suiv.).

(3) *Relat. des Zeno*, pp. 18 et 19 de l'édit. Major.

une cité très belle et très peuplée, où le roi qui en était seigneur fit venir beaucoup d'interprètes ; mais il ne s'en trouva aucun qui sût la langue de ces pêcheurs, si ce n'est un latin qui avait été fait prisonnier à la suite d'un naufrage (1). Celui-ci, leur ayant demandé de la part du roi qui ils étaient et d'où ils venaient, nota le tout et le rapporta au roi, lequel, après en avoir été informé, voulut qu'ils demeurassent dans le pays. Les pêcheurs s'étant soumis à cet ordre parce qu'ils ne pouvaient faire autrement, restèrent cinq ans dans l'île, dont ils apprirent la langue et dont l'un d'eux notamment visita plusieurs parties. D'après lui, elle est très riche, copieusement pourvue de tous les biens du monde et n'est guère moindre que l'Islande, mais plus fertile. Il y a au milieu une montagne très élevée où naissent quatre rivières qui l'arrosent. Les habitants sont ingénieux ; ils possèdent les mêmes arts que nous et l'on croit qu'autrefois ils ont été en relations avec les nôtres, puisque le narrateur dit avoir vu dans la bibliothèque du roi des livres latins qui ne sont plus compris des insulaires. Ils ont une langue et des lettres particulières ; ils extraient toutes sortes de métaux et ont surtout de l'or en abondance. Leurs relations commerciales sont avec l'Engroneland (2), d'où ils tirent les pelleteries, le soufre et la poix (3). Vers le midi, il y a un grand pays, très riche en or et populeux. Ils sèment du grain et brassent de la cervoise, sorte de boisson dont les peuples du Nord font usage, comme nous faisons du vin. Ils ont des bois d'une immense étendue et en font des murailles. Il y a beaucoup de cités et de châteaux. Ils construisent des embarcations et naviguent, mais ils ne

---

(1) *Rel. des Zeno*, p. 19.

(2) C'est le nom qui est porté sur la carte pour désigner la partie méridionale du Grœnland des Zeno, c'est-à-dire le Grœnland propre ; celui de *Grolandia* est placé au nord-est du Monastère de Saint-Thomas, c'est-à-dire sur les glaces permanentes qui s'étendent du Grœnland au nord de la Sibérie.

(3) *Rel. des Zeno*, p. 20 de l'édit. Major.

possèdent pas la calamite et ne savent pas trouver le nord au moyen de la boussole. C'est pourquoi ces pêcheurs furent très appréciés. de sorte que le roi les envoya avec douze navires vers le sud, dans un pays qu'ils nomment *Drogio* (1).

„ Mais en route ils furent assaillis par un si furieux ouragan qu'ils se croyaient perdus. Ils échappèrent pourtant à une mort cruelle pour tomber dans une situation encore pire, parce qu'ils furent pris sur le littoral et pour la plupart dévorés par les féroces habitants, qui mangent de la chair humaine et la tiennent pour une viande très savoureuse. Le pêcheur et ses compagnons sauvèrent leur vie en montrant la manière de pêcher avec des filets qu'il tendait chaque jour en mer (2) ou dans les eaux douces, et il prenait assez de poissons qu'il donnait aux chefs. Par là il se mit si bien en faveur que chacun le chérissait, l'aimait et l'honorait beaucoup. Sa réputation se répandit chez les peuples du voisinage, et un chef des environs éprouva un si grand désir de l'avoir près de lui et de voir avec quel art admirable il savait prendre le poisson, qu'il fit la guerre à celui chez qui se trouvait le pêcheur. Il finit par avoir le dessus, étant plus puissant et belliqueux, et le pêcheur lui fut envoyé avec les autres. Pendant les treize années consécutives qu'il demeura dans ces contrées, il dit avoir été livré de cette façon à plus de vingt-cinq maîtres, celui-ci faisant toujours la guerre à celui-là et tel à tel autre, uniquement pour avoir le pêcheur, lequel erra ainsi sans rester longtemps dans un même lieu, de sorte qu'il connut et parcourut presque toutes ces contrées. Il représente ce pays comme très vaste et pour ainsi dire comme un nouveau monde ; mais la population est rustique (3) et privée de tous biens. Comme tous vont nus, ils souffrent cruellement du froid, ne sachant pas se

(1) *Rel des Zeno*, p. 21.
(2) *Ibid*, p. 21.
(3) *Ibid.*, p 22.

couvrir des peaux d'animaux qu'ils prennent à la chasse. Ils n'ont aucune sorte de métal, vivent de gibier et portent des lances de bois, aiguisées au bout, et des arcs dont les cordes sont faites de cuir. Ce sont des gens d'une grande férocité qui se combattent à mort et se mangent les uns les autres. Ils ont des chefs et certaines lois bien différentes selon les lieux. Mais plus on va vers le sud-ouest, plus on trouve de civilisation à cause de la douceur de la température; de sorte qu'il y a là des cités, des temples d'idoles où l'on sacrifie des victimes humaines que l'on mange ensuite. Dans cette contrée on a quelque connaissance de l'or et de l'argent.

» Le pêcheur, après avoir passé de si nombreuses années dans ce pays, résolut de regagner, si c'était possible, sa patrie. Mais ses compagnons, désespérant de la revoir, le laissèrent partir en lui souhaitant bon voyage et restèrent où ils étaient. Leur ayant fait ses adieux, il s'enfuit (1) à travers les bois vers Drogio et fut très bien accueilli du chef voisin qui le connaissait et était en grande hostilité avec l'autre. Il alla ainsi des mains de tel à celles de tel autre au pouvoir duquel il avait déjà été et, après beaucoup de temps et assez de peines et de fatigues, il regagna finalement Drogio, où il habita trois ans de suite, jusqu'à ce que, par un heureux hasard, il apprit des habitants qu'il était arrivé à la côte quelques navires. En ayant conçu bon espoir de réaliser son dessein, il se rendit vers la mer et demanda aux navigateurs de quel pays ils étaient. Il apprit avec grand plaisir qu'ils venaient de l'Estotilanda et, les ayant priés de l'emmener, il fut volontiers accueilli parce qu'il savait la langue du pays. Comme aucun autre n'entendait celle-ci, ils firent de lui leur interprète. Il réitéra avec eux ce voyage, de sorte qu'il devint très riche. Ayant lui-même construit et armé une embarcation, il revint en Frislanda, apportant

(1) *Rel. des Zeno*, p 23.

au seigneur d'ici la nouvelle de ce pays richissime. Il trouve pleine créance en tout à cause des marins [*qui l'accompagnent*] (1) *et de beaucoup de choses nouvelles qui attestent la réalité de tout ce qu'il rapporte* (2). »

C'étaient là en effet des raisons sérieuses d'ajouter foi aux récits du pêcheur ; peut-être des doutes sur l'existence d'un continent transatlantique s'élevèrent-ils dans l'esprit d'Antonio Zeno, après les infructueuses tentatives pour retrouver ce « paese grandissimo e quasi un nuovo mundo ». Cent ans plus tard ils n'eussent plus été de mise, après les découvertes de Chr. Colomb et de ses émules. En ce point donc les récits du pêcheur ont reçu une éclatante confirmation. Méritent-ils également, pour le reste, la créance que leur accordaient les contemporains ? Ceux-ci voyaient une garantie de véracité dans la concordance des témoignages des marins venus de l'Estotilanda et dans les objets exotiques rapportés par eux. Ces témoins que nous ne pouvons plus interroger, ces raretés depuis longtemps disparues ne peuvent plus influer sur notre conviction, mais il est un fait qui la commande : le pêcheur était si sûr de ce qu'il avançait qu'il s'offrait à montrer aux explorateurs frislandais la route du nouveau continent et, après sa mort, ceux-ci furent guidés par des gens qui avaient fait le voyage avec lui et qui n'auraient certes pas voulu endosser la responsabilité de mensonges débités par un imposteur trépassé. Le proverbe « a beau mentir qui vient de loin » n'est pas applicable à ceux qui n'hésitèrent pas à faire preuve de leur sincérité en repartant pour l'Estotilanda. S'ils n'ont pas réussi à y conduire la flotte de Zichinni, c'est par suite d'une circonstance indépendante de leur volonté. Il suffit qu'on ait plus tard

(1) Tre dì à punto avanti la nostra partita, morì il pescatore, che aveva da essere nostra guida, ... prendendo per guide in cambio del nostro pescatore alcuni marinai *che erano tornati con lui* (*Relat. des Zeno*, p. 25).

(2) Ed à tutto se gli dà fede per i marinai, *e molte cose nuove che approvano essere vero, quanto egli ha rapportato* (*Ibid.*, pp. 24 et 25).

constaté l'existence d'un grand continent dans la direction
où ils l'indiquaient, pour qu'on ne les taxe pas d'imposture,
ni Antonio Zeno de crédulité, ni la lettre sur l'Estotilanda
de fiction à la De Foe. Car si l'on soupçonne Nicolò Zeno le
Jeune d'avoir forgé le récit du pêcheur Frislandais, comment expliquera-t-on qu'il l'ait fait d'une manière si conforme à la réalité ?

Ce n'est pas en empruntant à des géographes et à des
cartographes de son siècle les détails positifs et vrais qu'il
donne sur l'orographie et la cartographie de l'Estotilanda
ou Nouveau-Brunswick, sur l'immensité de Drogio, le
pays des Peaux-Rouges et les mœurs de ses habitants (1).
Il ne connaissait pas les documents islandais qui lui auraient
révélé l'existence d'une colonie de Scots ou Gaëls dans les
parages du Golfe Saint-Laurent, sur les rives orientales
duquel il place une dynastie d'origine écossaise, et sur la
rive occidentale un *pays d'Écossais*, comme s'explique le
nom d'*Escotilanda* sans qu'il s'en doutât ; il n'était pas
versé dans la langue kalali qui lui aurait donné l'explication du nom d'*Icaria*. C'est plus de cent ans après sa
publication (1558) que des explorateurs français firent
connaître les bassins du Mississipi et du Missouri (2). Il

(1) Elles sont trop vaguement esquissées pour que nous attachions une
grande importance à ce dernier point, quoique l'éminent investigateur
A. E. Nordenskiold ait dit : « Les voyages des pêcheurs frislandais en Estotilanda et à travers le grand continent voisin ont un incontestable caractère
d'authenticité. Leur relation remplie de quantité de détails remarquables est
complètement d'accord avec ce que l'Europe n'apprit pas, avant les XVIIe et
XVIIIe siècles, des mœurs des sauvages du Canada et des États-Unis. . En
1558, de pareils récits n'auraient pu être faits d'imagination par personne,
pas même par ceux des savants d'alors qui étaient les plus habiles et les
meilleurs connaisseurs des divers peuples du monde » *(Studier och forskningar föranledda af mina resor i höga Norden.* Stockholm. 1883.
in-8°, pp. 56 et 57). — Il n'est pas moins affirmatif dans son *Periplus*, esquisse
de la plus ancienne histoire des cartes marines et des routiers (Stockholm,
1897, in-fol., p. 87). « Personne n'avait aux XVe ou XVIe siècles assez de con-
naissances pour forger la description des habitants des pays situés au sud
de l'Estotiland, laquelle sous beaucoup de rapports caractérise si bien les
tribus indiennes de l'Amérique ».

(2) Sur la pl. VII de la belle carte de l'Amérique septentrionale que

n'eut certainement pas accès aux relations espagnoles qui auraient pu le renseigner sur la Californie et le Nouveau Mexique : J. Ponce de Léon (1513, 1521) regardait la Floride, c'est-à-dire l'unique partie alors connue des États-Unis, comme une île ; Lucas Vásquez de Ayllon (1521, 1526) n'avait exploré que le littoral atlantique ; Cabeza de Vaca (1528-1536) et Hernando de Soto (1539-1542) n'avaient parcouru que la zone méridionale des États-Unis ; sur le versant du Pacifique, les explorateurs qui s'étaient avancés le plus loin vers le Nord, Márcos de Nizza (1539) et Francisco Vásquez Coronado (1540-1542) n'avaient pas dépassé le 40° de lat. N. A supposer qu'il ait pu se procurer leurs rapports officiels ou les relations de leurs compagnons, il n'y aurait rien trouvé sur les contrées froides de l'intérieur des États-Unis situées à l'ouest de Drogio ; il aurait même été induit en erreur par Pedro de Castañeda qui avait fait partie de l'expédition de Coronado et qui appelait *India Major* et *China* une partie de l'Asie contiguë, selon lui, à la Florida et à la Cibola (1).

Si Nicolò Zeno n'avait pas eu sous les yeux des mémoires de famille pour le renseigner sur l'étendue, le climat, les mœurs et institutions de ce vaste territoire du *Far West* resté inconnu jusque vers la fin du XVIIe siècle, on ne peut supposer qu'il ait pu, par intuition, le décrire à grands traits avec une exactitude aussi approximative. S'il eût forgé les lettres, la relation et la carte des Zeno, il ne se serait probablement pas contenté d'un récit fort simple n'ayant d'intérêt que par la réalité des faits et n'augmentant en rien la réputation de ses ancêtres ; il aurait vrai-

M. G Marcel pense n'être pas postérieure à 1682, on lit « Terres inconnues » dans l'espace vide situé au couchant du Mississipi et au nord de la Nouvelle Biscaye (*Reproduction de cartes et de globes relatifs à la découverte de l'Amérique, du XVIe au XVIIIe siècle, avec texte explicatif* Atlas in-fol., Paris, 1893 ; et texte in-4°, Paris, 1894)

(1) Voyez le texte et la traduction de sa relation dans FOURTEENTH ANNUAL REPORT OF THE BUREAU OF ETHNOLOGY, 1892-1893, publié par le directeur J.-W. Powell, Washington, 1896, part. I, pp 447, 455, 513, 525 et 526.

semblablement composé une histoire romanesque remplie d'aventures extraordinaires et de traits merveilleux, ou bien, s'il manquait d'esprit inventif, il aurait fait un pastiche des notions relatives aux parties alors connues des États-Unis et copié les cosmographes en renom. Or il est, tout au contraire, en opposition avec les quatre écoles entre lesquelles on peut les classer : 1° ceux qui unissaient l'Amérique du Nord à l'Asie et en faisaient, au lieu d'un nouveau monde (1) (qualification longtemps réservée ou donnée spécialement à l'Amérique du Sud) (2), une petite annexe de l'ancien (3) ; 2° ceux qui laissaient en blanc le nord ouest des États-Unis ou qui n'y savaient mettre que la légende *Terra* ou *regio incognita* (4) ; 3° ceux qui, se

(1) E dice il paese essere grandissimo e quasi un nuovo mondo (*Rel. des Zeno*, edit. Major, p. 32).

(2) Par exemple : le Globe Lenox vers 1512 ; Carte espagnole officielle de 1527 ; Ribero, 1529 ; J. Oliva, 1613 ; B Agnese, 1536 ; Munster, 1540 ; Globe d'Ulpius, 1542 (B. F. de Costa, *Verrazano the Explorer*, New-York, 1881, in-4° ; *Narrative and critical History of America*, edited by Justin Winsor, Londres, gr. in-8°, t III, 1886, p 212 ; t IV, 1886, pp 40, 41 et 42 ; Walter B. Scaife, *America, its geografical history, 1492-1892*. Baltimore, 1892, in-8°, pp 67, 69 et cartes 4 et 5).

(3) Voyez les éditions de Ptolemee, 1508, 1548, 1562; Franciscus Monachus, 1526 ; Orontius Finæus, 1531 ; Caspar Vopell, 1543 ; Gastaldi, 1546 et 1562 ; Desceliers, 1550 ; Diego Homem, 1568 ; Globe d'argent de Nancy (A. E. Nordenskiold, *Facsimile-Atlas till Kartografiers äldsta historia*, Stockholm. 1889, in-fol , cartes 41, 43 et *Periplus*, p 165 ; Carte 1 du mémoire du Dr H. Michow, sur C. Vopell, dans le t 1 de *Hamburgische Festschrift zur Erinnerung an die Entdeckung Amerika's*, Hamburg, 1892, gr. in-8° ; Schœtter, notes sur Vespuce et le Globe d'argent de Nancy, dans *Compte rendu des séances du 2e Congrès intern des Américanistes à Luxembourg*, 1877, t. 1 ; Winsor, op. cit . t. III, pp 11, 13 ; W B. Scaife, op. cit . pp 9, 13, 24, 29 et 61 ; — *The Mappemonde by Desceliers of 1550*, (British Museum, Add Ms. 24 065), carte 5 ; Sophus Ruge, *The Development of the Cartography of America up to the year 1570*, pl. 33, 45, dans ANNUAL REPORT OF THE SMITHSONIAN INSTITUTION, 1894, t 1. Washington, 1896, in-8°). — Sur toutes ces cartes Culiacan, Cibola, Florida, Terre-Neuve ou Grœnland voisinent avec Tangut (Toungouses), Mangi (Mandchoux), Catay, China.

(4) Mappemonde Harleyenne, vers 1536 ; Mercator, 1538 ; Alonso de Santa-Cruz, 1542 ; Sébastien Cabot, 1544 ; Édit. de Ptolémee, 1548 et 1561 ; Ramusio, t. III, 1556 ; Carte de l'Amérique du Nord, Venise, 1566 ; Carte espagnole de 1575. (*The Harleian Mappemonde circa 1536. British Museum. Add. Ms. 5413*, feuille 1 ; J. G. Kohl, *History of the Discovery of*

représentant l'Amérique du Nord comme un pays relativement petit et étranglé entre deux mers, dont l'une fort
étroite le séparait de Zipangu (Japon), n'auraient pas eu
lieu de l'appeler *grandissimo paese* (1) ; enfin 4° ceux
qui mettaient entre la zone froide des États-Unis et la
zone tropicale une immense mer dite *de Verrazano* (2),
laquelle aurait couvert presque tout le territoire de la
grande fédération actuelle (3).

Le pêcheur frislandais, en dépeignant les pays contigus

Maine, Portland, 1869, in 8°, carte 20 ; *Épilogue de la Géographie du
moyen âge*, par F Lelewel, Bruxelles, 1857, in-8° ; A E. Nordenskiöld,
Facsimile-Atlas, p. 129 et carte 43 ; et *Periplus*, carte 50 et p. 163 ;
Fourteenth Report of J.-W Powell, t. I, cartes 40 et 41).

(1) Joh. de Stobnieza, 1512 ; *Mappamundi*, vers 1515 ; Apianus, 1520 ;
Schoner, 1520 ; Édit de Ptolémée, Bâle, 1530 : Sim-Grynæus, 1532 ; Portulan
de 1536 ; Diego Homem, 1540 et 1558 ; Ant Florianus, vers 1550 ; Gemma
Frisius, 1551 ; Demoncenet, 1552 ; Mappemonde de 1554 ; Or. Finæus, 1556 ;
Zaltieri, 1566 (Kohl, *op cit.*, cartes 7, 15, 21 ; S Ruge, *op. cit.*, p. 34 ;
Winsor, *op cit.*, t III, p. 670 ; A. E Nordenskiöld, *Facsimile-Atlas*,
pp 81, 89, 105 ; cartes 34, 37, 38, 42 et 45 ; et *Periplus*, p. 146).

(2) On ne sait au juste ce qui a donné lieu à cette singulière méprise, mais
il est assez vraisemblable que Giovanni da Verrazano, longeant le cordon
littoral presque ininterrompu qui sépare de la haute mer les larges lagunes
d'Albemale et de Pamplico, les aura prises pour un golfe de l'Océan Pacifique. Cette levée sablonneuse est en effet représentée par un isthme étroit
et fort long sur deux cartes à peu près contemporaines qui remontent
évidemment à une même source : l'une du genois Vesconte de Maiollo com-
posée en 1524 ou 1527, l'autre dressée en 1529 par Hieronimo da Verrazano,
frère du célèbre explorateur Sur celle-ci on lit : « De cette mer orientale
[l'Atlantique] on voit la mer de l'ouest [Pacifique], entre les deux, il y a six
milles de terre » Cette légende est placée au sud du cap d'Olimpo que
M B.-F. de Costa, auquel est étrangère la présente explication, identifie avec
le cap Hatteras, l'un des points saillants du cordon sablonneux de la Caro-
line Septentrionale (*Verrazano the Explorer*, p. 49) On ne peut supposer
que les navigateurs européens fussent dès 1524 assez familiers avec les
langues des indigènes pour obtenir de ceux-ci des renseignements sur les
grands lacs du Canada, qu'ils auraient demesurément agrandis et prolonges
jusqu'au littoral des Carolines.

(3) Vesconte de Maiollo, 1524 (probablement avec retouches en 1527,
comme semble l'indiquer une seconde légende sur la même carte) ; Hieronimo da Verrazano, 1529 ; Georgio Sideri, dit Calapoda, entre 1537 et 1565 ;
Ptolémée, de Bâle 1540 ; Globe d'Ulpius, 1542 ; Ruscelli, 1544 ; M. Lok. 1582
(De Costa, *Verrazano* ; Kohl, *op. cit.*, cartes 13, 15, Winsor, *op. cit.*,
t. IV, pp 28, 39 ; Nordenskiöld, *Periplus*, carte 26, et *Facsimile-Atlas*,
p 113 ; Eben Norton Horsford, *Discovery of America by Northmen*,
Boston, 1888, in-4°).

à Drogio, non comme une île ou un simple appendice de la grande Asie, mais comme un nouveau monde ; en parlant de l'immensité de ce continent, des chasseurs qui l'occupaient et qui se faisaient continuellement la guerre, de leur férocité, de leur anthropophagie, de leur nudité, de l'existence de nombreuses tribus indépendantes l'une de l'autre et ayant chacune ses institutions propres ; en signalant leur ignorance des métaux et la rigueur de l'hiver, cet explorateur anonyme du xive siècle, disons-nous, devançait de cent cinquante à deux cents ans, non seulement les auteurs des quatre types de cartes énumérés plus haut, mais encore les cosmographes qui, les premiers après Nicolò Zeno le Jeune, commencèrent à donner au grand public une idée juste de la configuration de la zone moyenne de l'Amérique septentrionale. La connaissance anticipée de ce que l'on ne vérifia que dans le dernier tiers du xvie siècle est le meilleur garant de l'authenticité des récits de l'obscur pêcheur. Ceux qui n'ont pas été directement confirmés par des découvertes postérieures n'ont du moins rien d'invraisemblable et l'on ne serait autorisé à les traiter de fables que s'il était absolument impossible de les expliquer rationnellement. Mais ce n'est aucunement le cas, car, à part quelques obscurités qui restaient encore et dont nous pensons avoir déjà éclairci un certain nombre (1), toute la relation concorde parfaitement avec les notions acquises depuis trois siècles sur la géographie et l'état, au xive siècle, d'une notable partie de l'Amérique septentrionale.

---

1) Dans *Les Colonies européennes du Markland et de l'Escociland.*

III. L'ESTOTILANDA ET DROGIO

Reprenons l'examen des questions difficiles et essayons d'en donner la solution. Pour nous qui admettons l'identité de l'Icaria avec Terre-Neuve, l'Estotilanda ne peut être que la péninsule située au sud de l'estuaire du Saint-Laurent et à l'ouest du golfe de même nom. Ce qui nous autorise à l'affirmer, ce n'est pas seulement la place qu'elle occupe sur la carte des Zeno à l'ouest de l'Icaria (mais à une latitude un peu plus méridionale) et au nord de Drogio, pays froid (2) : l'ensemble des faits que la relation contient sur cette contrée nous mène à la même conclusion. D'après le pêcheur, c'était une île située à l'ouest de la Frislande, un peu moins grande que l'Islande, mais plus

---

(2) Les habitants de cette contrée, dit le pêcheur frislandais, « patiscono fredi crudeli .. Ma piu che si và verso garbino, vi si trova piu civiltà per l'aere temperato che vi è » *(Rel. des Zeno,* p 23 de l'éd Major) — Ces indications météorologiques, jointes à l'absence de grande île près du littoral des États-Unis, ne permettent pas de confondre Drogio ou l'Estotilanda avec la péninsule floridienne, la seule de ces parages dont la superficie se rapproche un peu de celle de l'Islande Les géographes et les voyageurs du moyen âge donnaient très souvent le nom d'île aussi bien aux péninsules qu'aux terres complètement entourées d'eau.

fertile (1), arrosée par quatre rivières prenant leur source dans une montagne centrale couverte de forêts, propre à la culture des céréales, très riche et possédant en abondance tous les biens du monde. De toutes les contrées maritimes situées à l'ouest du groupe des Færœs et à une latitude plus méridionale que Terre-Neuve, aucune ne correspond mieux à cette description que la péninsule comprise entre l'estuaire et le golfe Saint-Laurent, la baie de Fundy et le fleuve Saint-Jean avec un des petits affluents du Saint-Laurent. Les limites indiquées renferment presque tout le Nouveau-Brunswick, sauf le coin sud-ouest et une étroite bande à l'ouest du Saint-Jean ; de plus les comtés de Gaspé, de Bonaventure, de Rimouski et la partie orientale de celui de Temiscouata, jusqu'au lac de ce nom et à la rivière des Trois-Pistoles. Le Saint-Jean qui forme un vrai bras de mer jusqu'à Fredericton, où remonte la marée à 132 kilomètres de son embouchure (2), est en outre navigable bien loin au delà de son confluent avec la Madawaska et jusqu'à la rivière Saint-François, où il quitte le Nouveau-Brunswick pour s'enfoncer dans l'État du Maine. Plusieurs de ses affluents septentrionaux ont leur source très rapprochée de celle des tributaires du fleuve Saint-Laurent. C'est le cas notamment pour l'Asherish, tributaire de la Madawaska, et pour la rivière des Trois-Pistoles ; pour la rivière Saint-François et son affluent la rivière Bleue d'une part, le Toupiqué, la rivière Verte et la Senescoupe d'autre part ; pour la Passaouctuc et la rivière aux Loutres. Les indigènes qui remontaient le Saint-Jean dans leurs canots d'écorce, n'avaient qu'à les porter sur un espace de peu de lieues (3)

(1) C'est pourquoi nous nous ecartons de l'opinion des écrivains qui identifient l'Estotilanda soit avec l'île de Terre-Neuve, soit avec le Labrador, l'une et l'autre stériles (Cf *Les Colon. europ. du Markland et de l'Escociland*, p. 33)

(2) Élisée Reclus, *Nouv. Géogr univ.* Paris, in-8°, t. XV, 1890, p. 582.

(3) « Les habitants du pays vont par cette rivière [Sainct-Jean] jusques à Tadoussac, qui est dans la grande rivière de Sainct-Laurent, et ne passent

pour trouver quelque rivière qu'ils descendaient jusqu'au Saint-Laurent. Dans ces conditions on pouvait bien considérer comme une véritable île (1) la péninsule Laurentienne située à l'est de ces rivières. Le territoire ainsi circonscrit, n'ayant qu'environ 90 000 kilomètres carrés de superficie, est un peu plus petit que l'Islande (2), qui en a plus de 104 000 (Terre-Neuve, 110 000).

Quant au mont très élevé, situé au milieu de l'île et d'où coulent quatre rivières qui l'arrosent (2), on n'en voit pas de plus central que le mont Bald, s'élevant à 773 mètres, et des contreforts duquel descendent effectivement quatre des principales rivières du Nouveau-Brunswick : l'Upsalquitch, branche du Ristigouche ; la Tobique, affluent du Saint-Jean, le Nepisiguit et la branche nord-ouest du Miramichi (3). Les bassins auxquels appartiennent ces quatre grands cours d'eau forment bien les trois quarts du territoire du Nouveau-Brunswick (4) ; c'est un fait dont nos géographes n'avaient pu se rendre

que peu de lerres pour y parvenir » (Champlain, *Voyages*, L. I, ch 3, t. I, p. 75 de l'édit de Paris, 1830, in-8°) — Les Souriquois de Gaspe faisaient en six jours la traversée de cette péninsule jusqu'à Ouigoudi près de l'embouchure du Saint-Jean, presque exclusivement par eau, sauf trois à quatre lieues de portage (Marc Lescarbot, *Hist. de la Nouvelle-France.* L. IV, ch. 18, t. II, p. 570 de l'édit. Tross, Paris, 1866, in-8° ; cf. ch. 3, p. 433)

(1) C'est ce que firent pour le même territoire (un peu prolongé vers le sud-ouest) Dudley (*Arcano del mare*, Florence 1647), ainsi que Covens et Mortier (fin du xviiᵉ siècle), qui transforment la rivière Sainte-Croix, fort rapprochée du Saint-Jean, en un canal unissant la baie de Fundy au Saint-Laurent (Winsor, *Op. cit*, t. IV, pp. 385, 388 et 390) De même Gastaldi (1556) et N. Belin (1744) ont par erreur mis le Kennebek en communication avec la rivière Chaudière (*Les Colon. europ. du Markland et de l'Escociland*, pp 34 et 35).

(2) L'Estoulanda, est-il dit dans la *Relat. des Zeno* (édit. Major, p 20) « è poco minore di Islanda, ma piu fertile, havendo nel mezzo un monte altissimo, dal quale nascono quattro fiumi che lo irrigano »

(3) R. Chalmers, *Rapport prélimin. sur la géologie superficielle du Nouveau-Brunswick*, pp. 11 et 12, GG (dans RAPPORT ANNUEL, nouvelle série. t. I, 1883, de la Commiss. géolog. du Canada).

(4) Le fleuve Saint-Jean égoutte environ 10 500 milles carrés dans le Nouveau-Brunswick dont la superficie est évaluée à 27 490 milles carrés ; le Miramichi, 5500, le Ristigouche, 2200 ; le Nepisiguit, beaucoup moins (Id., IBID, p. 13).

compte avant les explorations contemporaines. Pour savoir que les hauteurs centrales dominées par le mont Bald étaient le nœud du système hydrographique de l'Estotilanda, il faut que l'un des naufragés frislandais ait parcouru en tout sens, comme l'affirmait le pêcheur rapatrié (1), le Nouveau-Brunswick dont certaines parties peu accessibles n'ont pas encore été étudiées scientifiquement. En formulant aussi catégoriquement et avec tant de justesse le résultat de ses observations, cet inconnu a devancé nos géographes de plus de quatre siècles (2).

De même que l'Estotilanda avait des forêts immenses(3), « la surface entière du Nouveau-Brunswick est couverte de bois (4) », et « récemment encore c'était une forêt continue (5) ». Il y avait là en abondance des matériaux pour les palanques dont ils entouraient leurs villes (6). Ce genre de fortifications, si bien approprié à la nature du pays, s'y perpétua jusqu'au temps de la domination

(1) Un di loro particolarmente fu in diversi parti dell' isola (*Rel. des Zeno*, éd. Major, p 20).

(2) Voyez, livraison de juillet 1904, p. 140, note 1, ce que dit à ce propos A. E. Nordenskiold. — En 1847, un géologue qui avait, pendant cinq ans, exploré le Nouveau-Brunswick, déclarait que, à peu de distance de la baie des Chaleurs, le bassin du Ristigouche et de l'Upsalquitch était inexploré et même inconnu (Abr Gesner, *New-Brunswick*, Londres, 1847, in-8°, pp. 96 et 98).

(3) Hanno boschi d'immensa grandezza e fabricano á muraglia, e ci sono molte città e castella (*Rel des Zeno*, éd Major, p. 21). — Chez nous un mur est un ouvrage de maçonnerie, chez d'autres peuples, c'en est aussi un de charpenterie. Voici comment G. Fernandez de Oviedo (*Historia general y natural de las Indias*. Madrid, 1851, in-4°, t. I, p. 565) décrit les fortifications d'une tribu de l'intérieur des États-Unis (bassin du Mississipi) : Vers 1540 les Espagnols « fueron à un pueblo viejo que tenia dos cercas y buenas torres, y son desta manera aquellos muros. Hincan muchos palos gordos, altos y derechos, juntos unos con otros; estos téxenles con unas varas largas, y embárranlos por dentro y por defuera » De nos jours encore, en Bourgogne, les bûcherons crépissent de même leurs baraques en perches posées horizontalement et assemblées de chaque bout l'une avec l'autre.

(4) H -B. Small, *Les Forêts du Canada et leurs produits*, Ottawa, 1885, in-8°, p. 21.

(5) El. Reclus, *Nouv. Géogr univ*, t. XV. p. 586 ; — Abr. Gesner, *New-Brunswick*, p. 168, — R Chalmers, *Géol. superf. du Nouv -Brunswick*, p. 6

(6) Voyez *supra*, note 3 ; cf. livraison de juillet 1904, p 136.

française : Jacques Cartier le trouva en usage dans la Nouvelle-France (1), Champlain (2) et Lescarbot l'y signalent également (3) et, pendant longtemps, la ville de Québec ne fut bâtie qu'en bois (4). Les murailles ainsi construites sont essentiellement périssables (5) et cette circonstance explique en partie la disparition totale des cités et châteaux dont parlait le voyageur du xive siècle (6). Il n'est pas besoin de remonter si haut pour constater l'anéantissement de grands ouvrages en bois mentionnés par des témoins dignes de foi. Champlain, ne trouvant plus de vestiges de la bourgade huronne de Hochelaga, décrite par J. Cartier (7), soixante-quinze ans auparavant, doutait qu'elle eût jamais existé (8).

Pas plus au xive qu'au xixe siècle, les forêts n'ont empêché la culture des céréales : les bois du Nouveau-Brunswick, qui croissent dans des terrains silurien et carbonifère, peuvent être défrichés avec profit ; le sol qu'ils recouvrent est particulièrement fertile ; les terres arables ont une superficie considérable sur les rives du fleuve Saint-Jean et de ses tributaires et dans le bassin supérieur du Ristigouche (9). Les terres qui bordent

---

(1) Deuxième voyage. 1535, dans *Voyageurs anc. et mod.*, d'Ed Charton, t. IV, pp 41 et 42 — Cf. Lescarbot, *Op cit.*, L. III, ch. 16, p 316 de l'édit. Tross

(2) *Op. cit.*, L. IV, ch 7 et 8, pp 340, 348, 372 et 373 du t. II de l'édit de 1830.

(3) *Op. cit*, L. III. ch. 16 ; IV, ch 18 ; V, ch. 4, pp. 316, 567 et 606, de l'édit. Tross.

(4) Le P. de Charlevoix, *Hist. de la Nouvelle-France*. Paris, 1744, in 4°, t. I, p 75.

(5) Comme on le voit par la difficulté de retrouver, sous une végétation envahissante, les vestiges des forts abandonnés qui avaient été élevés par les Français dans les premiers temps de l'occupation du Canada

(6) Voyez livraison de juillet 1904, p. 156.

(7) Deuxième voyage dans les *Voyageurs anc. et mod*, d'Ed. Charton, t. IV, pp 41 et 42, avec plan d'une bourgade et de ses fortifications emprunté à Ramusio.

(8) Lescarbot, *Op. cit.*, L V, ch. 4, pp. 606 et 607 du t III de l'édit. Tross.

(9) Champlain, *Voy* L. I, ch. I, p. 8 du t. I de l'éd. de 1830 ; Lescarbot, *Op. cit.*, L. VI, ch. 24, pp. 805, 807 et 809 du t. III de l'éd. Tross ; Gesner, *New-Brunswick*, pp. 231-235 ; R. W Ells, *Rapp. sur la géolog. des parties*

la baie des Chaleurs sont toutes en culture. La partie
montagneuse de la Gaspésie n'est pas non plus rebelle
aux efforts des colons qui s'avancent de plus en plus dans
l'intérieur du pays, aussi le territoire de l'Estotilanda
donne-t-il des récoltes de toute sorte (1) ; quant aux grains
qu'y semaient les habitants vers la fin du moyen âge (2),
on ne saurait dire au juste s'il s'agit de céréales européennes qui auraient été importées par les Gaëls de la
Grande Irlande (ancien nom de l'Estotilanda) (3), et dont
Jacques Cartier trouva une variété dégénérée dans la Gaspésie (4) ou bien du maïs qui était cultivé de temps immé-
morial par certaines tribus de l'Amérique septentrionale,
notamment par les Armouchiquois (5) du Maine et les

nord et est du Nouveau-Brunswick et du côté nord de la baie des
Chaleurs, pp. 2 et 23 D (dans Rapp. des opérations de la Commission
géolog. du Canada, 1880-1882); R. Chalmers, Rapp. sur la géol. superfic.
du Nouveau-Brunswick occidental, pp. 7, 47-49 GG (dans le même
recueil, 1882-1884); La Province de Québec et l'Émigration européenne, 2e édit. 1873, pp. 63-65 ; Le Guide du colon français au
Canada, 1886, p. 33

(1) Gesner, New-Brunswick, pp. 240-244

(2) Relat des Zeno, p. 21 de l'édit. Major.

(3) E Beauvois, La Découverte du Nouveau-Monde par les Irlandais, pp. 85-87 ; Les Colon. europ. du Markland et de l'Escociland,
pp. 6-8, 24.

(4) Voici ce qu'il dit de la baie des Chaleurs : « Il n'y a lieu si petit où il
n'y ait des arbres, bien que ce soient sablons, et où il n'y ait du froment
sauvage qui a l'épi comme le seigle et le grain comme de l'avoine » (Premier
voy. dans Voyag. anc. et mod d'Ed Charton, t. IV, pp 17 et 18 La forme
de l'épi dénote assez que ce ne peut être une sorte de folie-avoine. Un peu
plus loin vers le sud, dans le golfe de Saint-Lunaire, que l'on croit être le
détroit de Northumberland entre le Nouveau-Brunswick et l'île du Prince-
Édouard, les terres où il n'y a point de bois sont, dit il, « très belles, toutes
pleines de pois, de raisin blanc et rouge, ayant la fleur blanche dessus, de
fraises, mûres, froment sauvage comme seigle qui semble y avoir été semé
et laboure » (Id., ibid., p. 14). — Lescarbot (t 1, p. 254 de l'éd. Tross) parle
avec plus de précision « de campagnes, pleines de froment sauvage et de
pois. . qui semblaient avoir été semés par des laboureurs » — Cf De
tribord à bâbord, trois croisières dans le golfe Saint-Laurent, par
Faucher de Saint-Maurice, Montréal, 1877, in 12, pp 288 et 289 —Ces vestiges
de culture remontaient, semble-t-il, aux Gaels de la Grande Irlande ou aux
Escotilandais, prédécesseurs des Souriquois, qui s'en tenaient aux pois et
au maïs.

(5) Lescarbot, Op. cit., L. VI, ch. 24, p. 807 du t. III de l'éd. Tross

Souriquois de la Gaspésie (1). Mais quelle que soit la céréale en question, elle suffisait pour fournir la matière amylacée aux cervoisiers (2) de l'Estotilanda (3).

Si aux produits du sol et à ceux de la mer qui, au moyen âge, étaient infiniment plus abondants qu'aujourd'hui, on ajoute les richesses minières, on ne taxera pas d'exagération le narrateur frislandais affirmant que l'Estotilanda « était très riche et copieusement pourvue de tous les biens du monde » (4). Les habitants extrayaient toute sorte de métaux et ils étaient surtout riches en or (5). L'insulaire des Færœs, où l'on n'exploitait pas de mines, devait être porté à exagérer la valeur de celles de l'Estotilanda. Il ne faut pas non plus interpréter avec une rigueur scientifique les paroles d'un simple pêcheur. Quand il dit tous les métaux, on peut bien penser qu'il s'agit seulement des plus usuels ; réduite à ces termes, son assertion est parfaitement justifiable : on a en effet reconnu dans le Nouveau-Brunswick et la Gaspésie des gisements de fer, des mines de cuivre qui, dans ces derniers temps, ont pris une véritable importance industrielle, des indices

(1) C'est du moins l'interprétation que nous donnons au passage suivant : « Il croît aussi en ce pays du mil gros comme un pois, pareil à celui qui croît au Brésil, dont ils mangent au lieu de pain ; et ils en avaient en abondance et l'appellent en leur langue *Kepaige* » (J. Cartier Premier voy. dans le t IV, p. 20 de l'éd. Charton). — Le P Laffitau nous apprend, en effet, que « la plupart des relations anciennes et modernes appellent le maïs ou simplement du mil ou du gros mil, pour le distinguer du mil ordinaire et de la petite espèce » (*Mœurs des Sauvages Amériquains* Paris, 1724, in-4°, p. 72)

(2) On emploie ce mot tombé en désuétude parce qu'il se rapproche davantage de l'italien *cervosa*, du gaulois *corma* (chez Posidonius), du gaélique *cuirm*, du gallois *cwrw*, de l'armoricain *koref*, *kufr* C'était la boisson préférée des Celtes (H. D'Arbois de Jubainville, *Introd à l'étude de la littérature celtique*, p 80 ; Du Cange, *Glossarium mediæ latinitatis*, au mot *cerevisia*).

(3) Seminano grano e fano la cervosa, che è una sorte di bevanda, che usano i popoli settentrionali, come noi il vino (*Rel. des Zeno*, p 21 de l'éd. Major).

(4) E narra che è richissima ed abondantissima di tutti li beni del mondo (*Rel. des Zeno*, p. 20).

(5) Cavano metalli di ogni sorte, e sopra tutto abondano di oro (*Ibid.*, p 20).

d'étain et de plomb, des traces d'argent et d'or (1). Les métaux précieux y sont à la vérité fort rares, et si les indigènes en possédaient en abondance, il n'est pas dit qu'ils les eussent exclusivement tirés de leur propre pays. Si leur territoire ne s'arrêtait pas, comme aujourd'hui le Nouveau-Brunswick, à la partie la plus étroite de l'isthme acadien, resserrée entre la baie de Cumberland et la baie Verte, mais se prolongeait vers le sud jusqu'à la chaîne des monts Cobequid ou au bassin des Mines, ils trouvaient de l'or et de l'argent dans la partie nord-est de la Nouvelle-Écosse (2). Dans une autre direction à une cinquantaine de lieues seulement à l'ouest du fleuve Saint-Jean, le bassin de la rivière Chaudière et, un peu plus loin, celui du Saint-François, leur offraient de riches filons aurifères (3). Or, on sait que mineurs et pêcheurs ne se gênent pas pour empiéter sur le domaine l'un de l'autre.

Immédiatement après avoir parlé de l'abondance de l'or chez les Estotilandais, le pêcheur frislandais passe « à leurs relations commerciales avec le Grœnland, d'où ils importent des pelleteries, du soufre et de la poix ; il rapporte aussi que, vers le midi, il y a un grand pays très

(1) Champlain, *Voy.* L. II, ch. 3, t I de l'éd de 1830, pp 74 et 75 ; J C Tache. *Esquisses sur le Canada.* Paris, 1865, in-18, p 61 ; L Archambault, *La Province de Québec.* Québec, 1870, in-12, p. 65 ; *La Province de Québec et l'émigration européenne.* 2e édit. 1873, p. 51 ; R.-W Ells, *Op cit.*, pp. 25-27 D, L.-W Bailey, *Exploration et levés topogr des comtés d'York et de Carleton*, pp 28-30 G (dans *Rapport des Operations* de la Comm. geolog. du Canada 1880-1882) ; R -W. Ells, *Formations géolog des comtés d'Albert et Westmoreland*, etc., p. 72 G (dans le même recueil, 1885, t. I) ; Faucher de Saint-Maurice, *De tribord à bâbord*, pp. 386-389 ; El. Reclus, *Nouv. géogr. univ.*, t. XV, p. 580

(2) L. du Hailly, *Campagnes et stations sur les côtes de l'Amérique du Nord.* Paris, 1864, in-18, pp. 200 205 ; A. Heatherington, *A practical Guide for tourists, miners.... of the Gold-fields of Nova Scotia.* Montréal, 1868, in-12 ; A -R -C. Selwyn, *Compte rendu sommaire des travaux de la Comm. geolog. du Canada*, pp 18, 64 A (dans RAPPORT ANNUEL, 1885, t. I) ; R.-W. Ells, *Format. géolog*, etc., p. 75 E (dans le même recueil).

(3) J -Sheridan Hogan, *Le Canada.* Montréal, 1855, in-8o, p. 49 , *La Prov. de Québec et l'émigr europ* 2e edit 1873, p 51 ; Selwyn, *Op. cit.*, p 52 A (dans RAPPORT ANNUEL, 1885, t I).

riche en or et populeux » (1). Ce pays ne peut être que la Nouvelle-Écosse (2) et le contexte semble indiquer qu'ils s'y approvisionnaient d'or, comme ils tiraient d'autres produits du Grœnland. S'il y a lieu d'être surpris de ce que la péninsule laurentienne, plus tard si renommée pour le commerce des fourrures, ait eu besoin d'en faire venir d'ailleurs, il faut pourtant remarquer que l'ours blanc y vient rarement sur les glaces flottantes, que l'on n'y voit jamais le bœuf musqué, les renards bleu et blanc, le chien boréal dont on fait de chaudes pelisses (3) ; qu'enfin certains amphibies du détroit de Davis manquent complètement ou sont plus rares dans le golfe du Saint-Laurent. En outre, bien que le Grœnland n'ait ni solfatare ni soufre natif, on y pouvait extraire ce minéral des pyrites ou bisulfures de fer qui s'y trouvent en beaucoup d'endroits (4). Il ne faut pas non plus perdre de vue que le monastère de Saint-Thomas, bien que situé fort loin au nord-est des établissements scandinaves de l'Eystribygd, était censé faire partie du Grœnland et que ses eaux descendant d'une montagne volcanique étaient sulfureuses (5).

Reste la *pegola* (6) ; ce mot peut signifier tout à la fois : poix, résine, goudron ou bitume. Dans le premier sens, il désignerait la résine fossile, sorte d'ambre très brillant et combustible, que l'on recueille en grande quantité dans les gisements de charbon de terre à Atanekerdluk, sur la rive septentrionale du détroit de Waigat, qui sépare l'île

(1) Le lor pratiche sono in Engroneland, di dove traggono pellerecie e zolfo e pegola, e verso ostro narra che vi è un gran paese molto rico d'oro e popolato (*Rel. des Zeno*, pp. 20 et 21).

(2) Voy. *supra*, p. 542, note 2.

(3) H. Rink, *Grœnland geographisk og statistisk beskrevet*, t. II, Copenhague, 1857, in-8°, p. 172, et *Supplém. d'hist. natur.*, p. 4 ; Th. M. Fries, *Grönland, dess natur och innevånare*. Upsala, 1872, in-8°, pp. 36 et 47.

(4) Rink, *Grœnland*, t. II, pp. 201, 204, 208, 215, 218, et *Supplém. d'hist. natur.*, pp 150 et 152.

(5) L'acqua poi nel monistero per esser di zolfo..... (*Rel. des Zeno*, p. 17 de l'éd. Major).

(6) Voy. *supra*, note 1.

de Disko de la péninsule de Noursoak, et dans l'île inhabitée de Hareœ, au nord de celle de Disko (1). — Dans le second sens qui nous paraît être le vrai, il désignerait le goudron de phoque *(Selfita. Seltjara)*, que les Scandinaves avaient coutume de fabriquer dans leur établissement septentrional du Grœnland ou Nordrseta, « parce que la chasse au phoque y était plus productive que dans les pays habités. La graisse de phoque fondue était versée dans les barques de peau que l'on suspendait dans des hangars extérieurs et que l'on exposait au vent jusqu'à ce qu'elle se coagulât (2) ». Ce goudron servait à enduire les embarcations et passait pour les préserver des atteintes du ver de mer (3) ou taret (4). — Dans le troisième sens enfin, *pegola* se rapporterait soit au bitume fabriqué avec des pierres incandescentes vomies par le volcan de Saint-Thomas (5), soit à « *una certa materia come pegola* » (6), qui coulait de la source thermale d'une île voisine du Cap Trin situé au sud du Grœnland. Cette île doit être celle d'Ounartok, située non loin de Lichtenau par 60°30' de lat. N. et qui, seule dans le Grœnland méridional, renferme trois bassins d'eau chaude, à la température de 31° et 32° Réaumur, qui déposent sur leurs bords une sorte de chaux blanche (7). — Quant au

---

(1) Rink, *Grœnland.* t I, part I, 1852, pp 175, 177 ; part. II, 1855, pp. 147, 209

(2) *Hauksbók*, extrait fait par Bjœrn Jónsson de Skardsá, reproduit dans *Antiquitates Americœ*, p. 275 et dans *Grœnlands hist Mindesm.*, t III, pp 242 et 245

(3) *Sjómadkr*, aussi appelé *Skelmadkr*, ver à coquille.

(4) *Saga de Thorfinn Karlsefni*, dans *Antiq. Americ*, p. 265 et dans *Grœnlands hist. Mindesm.*, t III, pp 438, 439, 492 et 493

(5) Nelle fabriche del monistero non si serveno di oltra materia che di quella stessa che porta lor il fuoco, perche tolgono i pietre ardenti, che á similitudine di faville escono dalla bocca dell' arsura del monte, allhora che sono piu infiammate, e buttano lor sopra dell' acqua per la quale si apreno, et fanno bitumo ó calcina bianchissima et molto tenace che posta in conserva non si gasta mai (*Rel. des Zeno*, éd Major, pp. 13 et 14).

(6) Id., *ibid.*, p 31

(7) C L Gieseke, *op cit*, pp. 25, 168 ; H Rink (*Grœnland*, t. II, p. 352) ne parle que de deux bassins dont l'un est couvert d'une plante visqueuse qui s'etend en couche épaisse sur toute la surface.

sens de résine ou poix naturelle, il doit être exclu : la péninsule laurentienne, ayant en abondance les arbres qui donnent ce produit, n'avait pas besoin d'en faire venir du dehors, mais peut-être ses habitants ne s'entendaient-ils pas mieux que les compagnons de Lescarbot à tirer parti des sucs résineux de leur pays ; sans l'esprit inventif de leur chef Poutrincourt, ceux-ci n'auraient pu se procurer du brai pour calfater leurs embarcations (1).

On le voit par ce qui précède, tout ce qui touche à l'histoire naturelle dans le récit du pêcheur frislandais peut s'expliquer assez rationnellement. Il en est de même pour ce qui concerne le nom de l'Estotilanda, la langue de ses habitants, leur écriture, leur civilisation, que nous font connaître la carte (2) et les lettres (3) des Zeno. Elles étaient en fort mauvais état, lorsque Nicolò Zeno le Jeune les édita au bout de plus d'un siècle et demi ; il a eu certainement de la difficulté à lire les noms propres, et les érudits de nos jours qui auraient à publier de vieux manuscrits relatifs à des pays inconnus ne réussiraient guère mieux que lui à orthographier les mots insolites. Il est fort possible qu'il ait pris les *c* pour des *t*, ces deux lettres se ressemblant beaucoup dans la plupart des manuscrits du moyen âge. Dans cette supposition *Estotilanda* se ramène-rait facilement à la forme *Escocilanda* (4) ou *Escotilanda* (5),

(1) Lescarbot, *Op. cit.*, L. IV, ch. 17, pp. 560 et 561 de l'éd. Tross

(2) Marcia e vecchia (*Rel. des Zeno*, p. 6).

(3) Le squarciai e mandei tutte á male (*Ibid.*, p. 35).

(4) « Correzione paleograficamente facile », dit un paléographe de profession, l'érudit intendant des archives de la Ligurie, C Desimoni *(I viaggi e la carta dei fratelli Zeno Venezziani (1590-1405)*, dans *Archivio Storico Italiano*, ser IV, t II, ann. 1878, p. 22 note 1 de l'*Estratto*).

(5) A la vérité, la prothèse de l'*e* dans les mots commençant par *s* est insolite en italien (quoiqu'elle soit de règle en espagnol quand *s* initiale est suivie d'une consonne) ; la forme normale de ce nom serait (sans l'addition du frison *land*, terre, italianisé en *landa*) *Scocia*, comme il est écrit sur la carte pour désigner le nord de la Grande-Bretagne ; mais cette prothèse familière au latin du moyen âge, au provençal, au portugais, au français, n'est pas absolument étrangère à l'ancien italien, où l'on écrivait parfois *escavino, iscrivere* (Fred. Diez, *Grammatik der romanischen Spra-*

mot à mot *pays des Skots* (1) ou Gaëls aussi bien de l'Irlande que de l'Écosse. A l'appui de cette interprétation on peut alléguer que le même pays avait été évan-

chen, 2ᵉ édit. Bonn, 1870, in-8º, t. I, p. 242). En islandais la forme normale est *Skotland*, mais à la fin du XIVᵉ siècle, on ne parlait plus le pur norrain dans les Færœs, et il est probable que le pêcheur frislandais, entendant le latin qui lui servait d'interprète prononcer *Escocia*, en a forgé *Escocilanda*, forme analogue à *Ruzcilanda* et *Ruscimen* qui figurent dans *Saga Thidriks konungs af Bern* (édit. Unger, Christiania, 1853, in-8º, pp. 27, 33, 50, 260-263, 273, 274, 358, syncopés de *Ruzcialand* (p 33). *Russiamen*, comme *Skotland* l'est de *Skotialand*. La forme *Ruciland* se trouve aussi dans les sagas de Bæring et de Flóvent (Cleasby, *An Icelandic-English Dictionary*, p. 504) Peut être aussi les Gaëls de la Grande-Irlande s'étaient-ils mêlés aux compagnons de Madoc (T Herbert, cité p 107 de notre mém. sur *Les Gallois en Amérique au XIIᵉ siècle* dans le MUSÉON, nº d'avril 1895, Louvain, in-8º) et, sous l'influence de ces derniers, se donnaient-ils un nom dont la forme corrompue se rapprochait du cymrique *Ysgotiaid* (Écossais) et par suite d'*Escotia* Pour l'acquit de notre conscience examinons une autre hypothèse : *Aztatlan* (Ant. Tello, Libro segundo ... de la cronica miscelanea. .. de la conquista de Xalisco, etc. Guadalajara, 1891, in-8º, pp. 14, 22, 23, 106; M. de la Mota Padilla, *Hist. de la conquista de la provincia de la Nueva Galicia*, Mexico, 1870, in-4º, p. 21) est avec *Azcla* (*Hist de los Mexicanos por sus pinturas*, 2ᵉ édit. dans *Nueva Coleccion de documentos para la hist. de Mexico*, édit. par J.-G. Icazbalceta, t. III Mexico, 1891, in-12, pp. 238 et 239) une des formes d'*Aztlan*, et synonyme de Chicomoztoc, Tula, Teoculuacan, noms de la contrée que les Mexicains regardaient comme le berceau de leur race et qui était située, tous s'accordent à le dire, au nord de la Nouvelle-Espagne, selon les uns au nord-ouest, selon d'autres, au nord-est, vers la Florida (D. Duran, *Hist. de las Indias de Nueva-España*, edit par J.-F. Ramirez. Mexico, in 4º, t. I, 1867, pp 7, 219, ou littoral occidental des États-Unis jusqu'aux Bacaillos ou contrées et îles voisines du golfe St-Laurent. Une partie des colonisateurs précolombiens du Mexique gagnèrent ce pays par mer, en côtoyant la Florida pour aller débarquer à Panuco (Mexique), selon le P. B. de Sahagun (*Hist des choses de la Nouvelle-Espagne*, trad. par D. Jourdanet et R. Simeon Paris, 1880, gr. in 8º, prol du L I et L. X, ch. 29, § 12, pp 7, 673 et 674) Nous pouvons donc, en nous appuyant sur ces autorités, affirmer que ces émigrants étaient originaires de l'Estotilanda ou Nouveau-Brunswick et comme certains d'entre eux parlaient le nahua (Motolinia, *Hist de los Indios*, dans la 1ʳᵉ *Coleccion de docum para la Hist de Mexico*, publiée par Icazbalceta, t. I, 1858, gr in 8º, p. 12), il est à croire qu'autrefois cette langue avait été en usage dans l'Estotilanda. Ce dernier nom pourrait donc être rapproché d'Aztatlan, surtout si l'on veut, comme d'ordinaire, écrire *iztac* (blanc) au lieu d'*aztac*, le radical de ce mot. — On voit par ce bref exposé qu'il y a au moins trois manières d'expliquer les noms d'Estotilanda; nous inclinons à croire que l'orthographe *Escotilanda* est une forme norraine de *Skotland* italianisé.

(1) Inutile de citer les textes nombreux, d'ailleurs assez connus, où le nom de *Scots* est appliqué aux habitants des deux rives du canal septentrional de la mer irlandaise.

gélisé par des Gaëls avant l'an 1000 (1) ; que de nos
jours la population gaélique du Nouveau-Brunswick est
en nombre presque double des immigrés de famille anglo-
saxonne (141 000 contre 83 000) ; que l'état limitrophe au
sud justifie bien maintenant son nom, d'ailleurs moderne,
de Nouvelle-Écosse, puisque les Gaels y sont la race
dominante (193 000 dont 130 000 Écossais, contre 113 000
Anglo-Saxons) (2) ; que les insulaires de la grande île
voisine, l'Icaria ou Terre-Neuve, faisaient remonter leur
dynastie médiévale à un prince écossais (3). Le bassin du
Saint-Laurent semble donc avoir été prédestiné à être
colonisé et gouverné par des princes (Français ou Anglais)
régnant sur des peuples celtiques : Irlandais, Écossais,
Gallois, Armoricains, Français. Les affinités du climat et
de la nature exercent sur les émigrants plus d'attraction
que la parité de latitude ; aussi les colonies européennes
du littoral américain de l'Atlantique, sans être situées aux
mêmes parallèles que leur mère-patrie, sont-elles approxi-
mativement placées dans le même ordre : Scandinaves en
Grœnland, Gaëls dans le bassin du Saint-Laurent, Français au Canada et dans le bassin du Mississipi, Anglais
aux États-Unis, Espagnols en Floride, au Mexique, dans
les Antilles, Portugais au Brésil. Il en était, paraît-il, de
même au moyen âge, où les établissements fixes des
Islandais étaient au nord de ceux des Scoto-Irlandais.
Ceux-ci pourtant, en s'avançant vers le sud jusqu'au Vinland, c'est-à-dire à la zone tempérée des États-Unis, en
avaient constaté la fertilité et les avantages naturels,
ce qui ne les avait pas empêchés de se replier sur le Grœn-

(1) E Beauvois, *La Découv. du Nouv. Monde par les Irlandais et les premières traces du Christianisme en Amérique avant l'an 1000*, et *Les Derniers Vestiges du Christianisme prêché du Xe au XIVe siècle dans le Markland et la Grande-Irlande ; les Porte-Croix de la Guspésie et de l'Acadie*, dans ANNALES DE PHILOSOPHIE CHRÉTIENNE, avril 1877 Paris, in-8°.

(2) Elisée Reclus, *Nouv. Géogr. univ.*, t. XV, p. 595.

(3) *Rel. des Zeno*, ed. Major, p. 27.

land stérile, mais riche en amphibies et en poissons. Plus tard ils descendirent jusqu'au Markland ou Nouvelle-Écosse, mais leur colonie ne paraît pas y avoir pris un bien grand développement (1). Les mêmes causes probablement déterminèrent Champlain, qui avait reconnu le littoral des États-Unis jusqu'entre les 41° et 42° de lat. N., c'est-à-dire jusqu'aux parages où l'on localise le Vinland, à les abandonner par anticipation aux Anglais pour aller s'établir dans le bassin du fleuve Saint Laurent. L'histoire se répète, on le voit, et, en nous donnant des notions positives sur les événements plus récents, elle nous aide à comprendre les circonstances moins bien éclairées des temps anciens.

En admettant l'existence d'un élément gaélique dans l'Estotilanda, on s'explique facilement diverses assertions du pêcheur frislandais qui autrement seraient incompréhensibles ; la présence de livres latins dans la bibliothèque du roi est toute naturelle, puisqu'il y avait eu des missionnaires chrétiens dans le pays (2) ; les habitants ne comprenaient plus ces livres (3), parce qu'ils étaient séparés de la mère-patrie depuis des siècles et qu'ils n'avaient pas d'ecclésiastiques formés dans les séminaires et les universités de l'Europe. La langue des Estotilandais, étant naturellement l'ancien irlandais, ils avaient des lettres quelque peu différentes des caractères latins et qu'aucun autre peuple ne pourrait lire sans connaître leur alphabet. Le pêcheur frislandais eut besoin d'un interprète pour converser avec eux ; c'est la meilleure preuve qu'ils

---

(1) Voy. notre mém sur *La Norambègue*, Bruxelles, 1880, in-8° (extr du *Compte rendu du IVe Congrès intern. des Americanistes*, à Bruxelles)

(2) Voyez *La Découverte du Nouveau Monde par les Irlandais*.

(3) Encore moins bien partagés étaient, à la fin du XVe siècle, les Scandinaves du Grœnland, dont les ancêtres avaient professé le christianisme pendant près de cinq cents ans et qui, vers 1492, n'avaient conservé d'autres vestiges de l'évangélisation qu'un corporal sur lequel la consécration avait eu lieu pour la dernière fois, quatre-vingts ans auparavant (Voyez la source citée dans notre mém. sur *La Chrétienté du Grœnland au moyen âge*, dans la REVUE DES QUESTIONS HISTORIQUES, t. LXXI, avril 1902, p. 581).

n'étaient pas issus, comme on l'a bénévolement supposé, des Scandinaves du Vinland ; autrement un insulaire des Færœs aurait pu sans peine s'entretenir avec eux : l'ancien norrain n'étant pas encore tellement modifié en Norvège, en Islande, en Grœnland, dans les Orcades, les Shetlands et les Færœs, qu'il eût cessé d'être la langue commune de leur population d'origine scandinave.

Les Estotilandais se distinguaient donc parfaitement de celle-ci, en même temps qu'ils offraient un contraste frappant avec les tribus établies au sud de leur pays : tandis qu'ils cultivaient les céréales, celles-ci vivaient de chasse et leurs membres n'avaient pourtant pas même l'industrie de se couvrir des peaux d'animaux tués par eux (1) ; ils étaient anthropophages, ne savaient ni pêcher avec des filets ni travailler les métaux, et se bornaient à aiguiser le bout de leurs piques de bois. Les Estotilandais au contraire s'entendaient à extraire des métaux de toute sorte et ils avaient de l'or en abondance. Leur industrie, leurs arts, leurs livres, dénotent que c'étaient des Blancs civilisés, tandis que leurs voisins du sud (2) étaient de purs sauvages, des *Peaux-Rouges*, comme l'indique le nom de leur pays. Ce nom étant donné par les Estotilandais doit être gaélique et composé de *dearg* (3) (rouge) et *ia* (pays), le tout signifiant *Pays Rouge*, par opposition à *Hvitramannaland* ou *Pays des hommes blancs* dans les Sagas (4), à *Aztlan* ou *Pays blanc* dans les légendes

(1) Hernando de Escalante Fontaneda, qui avait été esclave dans la Florida et qui se flattait de connaître mieux que pas un de ses contemporains la partie sud-est des États-Unis actuels, atteste que, au milieu du XVIe siècle, les Indiens de la Géorgie, des Carolines et les Apalaches, n'avaient pour tout vêtement qu'une ceinture (Voyez sa Relation dans DOCUMENTOS INEDITOS DE INDIAS. Madrid, in-8°, t V, 1866, pp. 533, 538, 540, 545 et 548). Lescarbot (*Op. cit*, L. VI, ch. 21, p. 784 du t. II de l'edit. Tross) en dit autant des Indiens de la Virginie

(2) Verso ostro nel paese che essi [quelli che habitano Estotilanda] chiamano Drogio (*Rel. des Zeno*, p. 21 de l'edit. Major).

(3) Prononce *dergo* en Écosse (J.-F Campbell, *Popular tales of the West Highlands*. Edinburgh, 1860, in-8°, t. I, pp. 270-280).

(4) *La Découverte du Nouveau Monde par les Irlandais*, pp. 43, 44, 46, 47 et 61.

mexicaines, et à *Pays des Wabenakis* ou *Abenakis·* (de
wabeya, blanc) (1), branche des Algonkins qui s'est sub-
stituée aux blancs dans la péninsule laurentienne. La
population blanche de l'Estotilanda devait y être établie
depuis plusieurs siècles, puisque, au temps du pêcheur
frislandais, « on n'y possédait pas la calamite et l'on n'y
savait pas trouver le nord au moyen de la boussole » (2).
Or, comme la calamite ou roseau sur lequel on faisait
flotter la pierre aimantée dans un vase plein d'eau, est
mentionnée dès 1190 par Guyot de Provins, elle était
déjà fort connue en Europe dès le siècle suivant, puisque
Albert le Grand en parle dans son traité *De Mineralibus*
et Brunetto Latini dans son *Trésor*. Au dire de Philippe
de Mézières (3), qui visita les pays scandinaves vers le
milieu du xive siècle, les marins du Nord ne l'employaient
pas encore (4). Mais alors, comment le pêcheur frislandais
la connaissait-il ? C'est sans doute par l'usage qu'en faisaient les navigateurs vénitiens au service de Zichinni.
Les Estotilandais n'en ayant pas notion devaient avoir
quitté l'Europe avant 1200. ce qui nous rapproche de
l'an 1000 où des Irlandais sont signalés dans la même

---

(1) E. Beauvois *L'Élysée des Mexicains comparé a celui des Celtes*,
dans REVUE DE L'HIST. DES RELIGIONS. nouv. ser , t X, nº 3, nov.-déc. 1884.
p. 273.

(2) Navigano, ma non hanno la calamità ne intendeno col bossolo la tramontana *(Rel. des Zeno*, p 21)

(3) *Philippe de Mézières (1317-1405) et la Croisade au XIVe siècle*,
par N. Jorga Paris, 1896, in-8°, p. 249.

(4) Le *Landnámabók* ou *Livre de l'occupation* de l'Islande (part 1re,
ch. 2, p. 28 de l'édit. de Copenhague, 1843, in-8°), porte que, vers la fin du
ixe siècle, on ne faisait pas usage de la *pierre-guide* (leidarstein) dans les
pays septentrionaux Comme le premier rédacteur de l'ouvrage, Aré Frodé,
mourut en 1148, on pourrait croire que sa mention de la calamite est anté-
rieure à celle de Guyot de Provins. Il n'en est rien : le passage où il est
question de la boussole est une interpolation qui figure pour la première
fois dans la rédaction du *Landnámabók* faite au commencement du
xive siècle par Hauk, mort en 1334 (Voyez *Hauksbók*. Copenhague, 1892.
gr. in-8°, p. 5. et *Landnámabók*. ibid., 1900, petit in-4°, pp. 1 et 5) ; on ne
le trouve ni dans la rédaction de Sturla Thordarson, mort en 1284 *(Landnámabók*, 1900, pp. II et 130), ni dans la grande *Saga d'Olaf Tryggvason
(Ibid.*, p. 263).

contrée (1). Il y a donc lieu de croire que les *Culnas* (possesseurs de crosses ou de croix) (2), ancêtres des Estotilandais civilisés à l'européenne et des *Cruciantaux* (3), et propagateurs du christianisme au Mexique dès le IX⁰ siècle de notre ère, ont eu sans interruption jusqu'à la fin du XIV⁰ siècle des successeurs de leur nation sur les rives du Saint-Laurent. C'est de l'un de ceux-ci qu'il nous reste à parler.

IV. LE PAYS CIVILISÉ AU SUD-OUEST DE L'AMÉRIQUE DU NORD

Sous le nom de Drogio, le pêcheur frislandais comprenait une partie du littoral des États-Unis, d'où il regagna par mer l'Estotilanda et où il retourna plusieurs fois avec des gens de cette dernière contrée. Sur la flottille de douze bateaux avec laquelle il était parti une première fois pour Drogio il pouvait bien y avoir un ecclésiastique, ou tout. au moins un catéchiste aussi instruit qu'on pouvait l'être dans l'Estotilanda : il était tout naturel en effet que les *Papas* (4) de ce pays, dont les prédécesseurs baptisaient les païens au X⁰ siècle (5) et avaient, dès le IX⁰, envoyé des missionnaires dans la région isthmique (6), en adjoignissent à l'expédition de 1375 (7) pour

(1) E. Beauvois, *La Découverte du Nouveau Monde par les Irlandais.*

(2) Id , *Les Papas du Nouveau Monde rattachés a ceux des Iles Britanniques et nord-atlantiques,* dans LE MUSÉON, t. XII, pp. 227-229. Louvain. 1893, in-8⁰.

(3) Id , *Les Derniers Vestiges du Christianisme, etc.*

(4) Id , *Les Papas du Nouv. Monde, etc ,* pp. 171-180.

(5) Id., *La Découv. du Nouveau Monde par les Irlandais,* p. 43, n. 3 (Art. ... var thar skirdr = Ati y fut baptisé) et pp. 46 et 47 ; et *La Grande-Irlande ou Pays des Blancs précolombiens du Nouveau Monde,* dans JOURNAL DES AMÉRICANISTES DE PARIS, 2⁰ serie t. I, n⁰ 2, 1904, grand in-8⁰, p 192, 196, 210-213.

(6) Id., *Les Papas du Nouv. Monde.* pp 173-179, 185, 186, 213, 214 et 227.

(7) Voici comment l'on est arrivé à fixer cette date : Antonio Zeno, qui est qualifie de *quondam* (feu) lors du mariage de son fils Dragone en 1406

évangéliser les infidèles et prêcher contre les sacrifices
humains et l'anthropophagie. La relation du pêcheur frislandais est muette à ce sujet, mais un vieux document
mexicain supplée à son silence. Comme celui-ci est encadré dans d'autres pièces dont l'authenticité a été con-
testée, il faut commencer par examiner la question.

En 1617, les autorités et les habitants des bourgades
de San-Estéban Axapusco et Santiago Tepeyahualco, de
la juridiction d'Otumba à une soixantaine de kilomètres
au nord de Mexico, craignant la perte totale d'un ancien
titre lacéré et vermoulu, déposèrent l'original aux archives
de l'Audience à Mexico et en demandèrent un duplicata.
Le document, qui était (comme l'atteste dans les termes
les plus formels (1) le secrétaire de la Chancellerie, Luis de

---

(Pl. Zurla, *Di Marco Polo*, etc. T. II, p. 20), avait passé quatorze ans en
Frislanda, dont dix seul et quatre ans avec son frère Nicolo l'Ancien qui lui-
même y était arrivé en 1390 (Voy. notre mém sur *Les Voyages transatl. des
Zeno*, pp. 334, 337) et qui était mort lors du mariage de son fils Tommaso
en 1398 (Zurla, *Op cit*, t. II, pp. 19 et 20). C'est donc en 1392 au plus tard
qu'il rejoignit son frère dans les îles Nordatlantiques. Celui-ci ne vivait plus
vers 1395 (Zurla, *Op. cit*, t. II, p 19) lorsque Antonio écrivit une lettre
(*Relat des Zeno*, pp. 18 et 19), où il est dit que vingt six ans auparavant,
c'est-à dire vers 1370, des pêcheurs frislandais avaient fait naufrage en
Estotilanda. Ils y étaient depuis cinq ans (*ibid*, p. 20) lorsque, vers 1375,
ils furent envoyés à Drogio, dont quelques-uns d'entre eux parcoururent
l'intérieur pendant treize ans (*ibid.*, p. 22), jusque vers 1388; le narrateur
passa encore trois ans près du littoral, jusque vers 1390, enfin cinq ans en
Estotilanda (*ibid*, p 24, cf. *ibid.*, p. 19) jusque vers 1395, et pendant cet
espace de temps il fit de nouveaux voyages à Drogio (les cinq dernières
années ne sont pas exprimées dans le texte; mais nous les avons ajoutées
pour compléter le chiffre de vingt-six ans). Ces dates ne peuvent être
qu'approximatives, car, outre que le point de départ n'en est pas déterminé
à quelques mois près, il n'est pas dit expressément qu'Antonio Zeno fût
parti pour l'Estotilanda l'année même où le pêcheur en était revenu; on
pourrait donc reculer d'un à deux ans les dates que nous avons adoptées

(1) Certifico... en cuando à la real ejecutoria original presentada, ser
la misma sellada con el real sello de S. M., y firmada e refrendada en la
forma acostumbrada, y ser de los mismos señores del Consejo Real de las
Indias, como en ella se contiene (p. 3 de *Merced de H. Cortés a los
caciques de Axapusco*, comme les documents en question sont intitulés
par J. G. Icazbalceta qui les a publiés intégralement. d'après une copie de
J.-F. Ramirez, dans *Coleccion de documentos para la historia de
México*, t. II, 1866, pp. 1-24).

Tovar Godines) pourvu du sceau royal, des signatures des membres du Conseil des Indes, du contre-seing du greffier, fut par ordre du vice-roi copié avec indication des lacunes par un notaire royal. Ce duplicata, délivré le 29 mars 1617 par le notaire Juan de la Serna et conservé aux archives générales de Mexico (vol. 1446), comprend un *Certificat de l'allégeance* faite à Charles-Quint par deux *tlatoaniton* ou caciques du district d'Otumba (1517), une *Concession faite par Cortés à ces deux chefs indigènes* (16 décembre 1526), une *Ordonnance confirmative de Charles-Quint* (2 novembre 1537), un *Acte* par lequel l'Audience de Mexico en confia l'exécution à l'inspecteur Muñoz (19 janvier 1540), deux *Actes* de ce dernier (9 et 10 février 1540). Nous n'avons à nous occuper que de la *Concession*, dont nous devons d'abord traduire environ le premier quart (1), à cause des faits historiques qu'il contient :

« Attendu que moi, Don Hernan Cortés, capitaine-général et gouverneur pour S. M. de cette Nouvelle-Espagne et de ses provinces, au temps où je passai en ces contrées, avec des navires et des troupes, pour les pacifier et mettre leurs habitants sous la domination de la couronne impériale de S. M., comme elles sont à présent ; à mon arrivée et pendant mon séjour à la Villa-Rica de San-Juan de Ulua (2), le samedi-saint (3), le grand Montezuma qui résidait en cette grande ville de Mexico-Tenochtitlan, [maître] de toutes ces provinces, [m'] envoya de

(1) *Ibid.*, t. II, pp. 2-10.
(2) Aujourd'hui la Vera-Cruz.
(3) Qui tombait en 1519 le 23 avril — Le debarquement à la Vera-Cruz avait eu lieu le vendredi-saint, 22 avril 1519, d'après les principaux historiens de la conquête espagnole Cette date est généralement adoptée, sauf par le Dr Jacinto de la Serna, trois fois recteur de l'Université de Mexico, qui écrit . « Diez de Março que fué el dia que llegó el exmo Capitan Cortez á la Vera Cruz » *(Manual de ministros de Indios*, du second quart du XVIIe siècle, édité dans le t. VI des ANALES DEL MUSEO NACIONAL DE MÉXICO, 1892, in-4°, p 317 ; cf. pp. 328 et 344).

grands personnages nommés Pitalpitoque (1), Tendile (2)
et Quintalbor (3), qui dit être son parent, avec divers
autres chefs (4), pour se renseigner sur mon arrivée et
sur mes desseins et pour me demander l'autorisation de
peindre les figures des hommes et des navires, et m'offrir
une grande quantité d'or et de draperies ; lesquels s'étant
mis en mesure de nous faire des *jacales* (5) en branchages
pour nous abriter contre l'ardeur du soleil, deux des principaux d'entre eux se firent comprendre, par paroles et
par signes, de Doña Marina et de Gerónimo de Aguilar (6).
Ils leur dirent sous le sceau du secret et [à condition]
que le grand Montezuma, leur roi, seigneur et parent,
n'en saurait rien, qu'ils promettaient de nous remettre les
peintures et prophéties (7) de Camapichi (8), le premier

(1) *Cuitlalpitoc*, chez Sahagun, D Duran, Tezozomoc, Torquemada,
Ixtilxochitl, Bernal Diaz qui lui donne aussi le sobriquet d'Ovandillo.

(2) Même nom chez Bernal Diaz ; *Teudilli* chez Gomara ; *Tentlil* chez
Sahagun ; *Tlillancalqui* ou *Teuctlamacazqui* chez D. Duran : *Tilancal-
qui* chez Tezozomoc, qui l'appelle aussi *Teuhtilzin* ou *Tentlilizin* ;
Teuhtilile chez Torquemada, *Teotlili* chez Ixtilxochitl

(3) Même nom chez Bernal Diaz ; *Quintalvor* chez Gomara, qui l'identifie
avec *Teudilli* ; *Quitalbitor* et *Quintalvitor* chez P Martyr — *R* n'existant pas en nahua, cette forme ne peut être mexicaine. C'est peut-être un
composé de deux mots espagnols, soit *quinto albore*, soit *quintal bitor* ou
vitor, donnant soit la traduction du nom nahua, soit le déchiffrement de
l'écu du personnage.

(4) La suite de Teudilli se composait de plus de 4000 hommes (Gomara,
Conquista de Méjico, p. 312 de l'édit de Vedia), parmi lesquels auraient
bien pu se glisser deux ennemis de Montezuma.

(5) Du nahua *xacalli*, chaumière.

(6) Gomara (*Op cit.*, pp. 313 et 314) nous apprend en effet qu'au moyen de
ces interprètes F. Cortés put, dès son arrivée sur le littoral du Mexique, se
mettre en communication aussi bien avec les Nahuas qu'avec les Totonacs
de Cempoallan

(7) Plus loin (pp. 10 et 11 du texte espagnol, cf. *infra*, p. 559), le même
document parle de prophéties faites devant Acamapichi et d'autres faites par
Montezuma (1er)

(8) La forme nahua est *Acamapichtli* ou, avec le suffixe révérentiel
tzin, *Acamapitzin* (le noble roseau) Selon des tableaux chronologiques
réunis par Orozco y Berra (pp 167-208, notamment 167, 171, 173, 174, 176,
177, 181, 182, 187, 193, 195, 196, 204 et 207 de son *Ojeada sobre cronologia
mexicana*, en tête de *Crónica Mexicana* de Hernando Alvarado Tezozomoc. Mexico, 1878, gr. in-8e), l'avènement de ce prince eut lieu entre 1352 et
1384, son décès entre 1387 et 1426, de sorte que, d'après n'importe lequel

roi de Mexico-Tenochtitlan ; qu'elles nous seraient d'une grande utilité pour nous guider, nous encourager et pour le succès de notre entreprise. A ce que l'on comprit après les avoir invités à parler, ils n'étaient pas envoyés par Montezuma, mais amenés par les prophéties et par le ressentiment des vexations qu'ils essuyaient de la part du grand Montezuma (1). L'année précédente ils avaient été avertis comme aujourd'hui [de l'arrivée d'une flotte], mais en apprenant que Grijalva s'était rembarqué ils s'en retournèrent tout désappointés, attendant une [autre] occasion. Lors du passage dans leur bourgade desdits Pitalpitoque, Tendile et Quintalbor, ils allèrent à leur rencontre et, sous couleur d'amitié et pour leur tenir compagnie, ils sont venus avec eux et en profitent pour faire des révélations ; l'un nommé Tlamapanatzin est descendant du roi Camapichin ; l'autre nommé Atonaletzin est issu du roi Montezuma [Ier] et parent du roi actuel qui le renie pour avoir refusé de brûler les peintures et prophéties antiques. Cette fois, venant seuls et à l'insu de Montezuma [II], ils se déclaraient, désormais et à jamais, loyaux et fidèles vassaux de S. M. l'Empereur dont il a été parlé aux en-

des principaux historiens cités, il régnait au temps où le pêcheur frislandais et les compagnons qu'il y laissa en captivité visitèrent le pays situé au sud ouest de Drogio.

(1) La juridiction d'Otumba, de laquelle dépendaient les bourgades des deux seigneurs, appartenait en 1519 au jeune Ixtlilxochitl qui disputait le royaume de Tezcuco à son frère aîné Cacama, fils du célèbre roi Nezahualpilli (J. de Torquemada, *Mon. ind.*, L II, ch. 85, p 225 du t 1 ; Velancurt. *Teatro Mexicano*, trat II ; part. I, ch. 20, §§ 161, 163, p 44 de la 1re édit. Mexico, 1698, in 4o ; *Cédule de Charles-Quint* (1531) publiée par J.-F Ramirez dans *Diccionario univ. de hist. y de geogr.* Mexico, 1854, in 4o, t, IV, p. 865 ; Orozco y Berra, *Historia antigua y de la conquista de México*, T. III Mexico, 1880, petit in-4o, pp 507-509). Ce prétendant envoya secrètement des émissaires à F. Cortés pour l'avertir des dissensions qui régnaient dans les États de la fédération mexicaine (Fernando de Alba Ixtilxochitl, *Hist. Chichimeca*, ch 80, p. 288 de l'édit. de Kingsborough ; cf. Orozco y Berra, *Op. cit.*, t. IV, pp. 138-140). Ces émissaires ne seraient-ils pas les seigneurs mentionnés dans la *Concession de Cortés ?* Quoi qu'il en soit, celle-ci est singulièrement corroborée par l'assertion de l'historien Tezcucain.

voyés du grand Montezuma, prêts à suivre la loi de Dieu et les commandements sans manquer à aucun (1) ; [ils demandaient] qu'après être entré à Mexico et avoir reconnu leur véracité et compris les peintures et prophéties antiques, je les fisse grands et seigneurs de leurs bourgades ; que pour eux, ils ne manqueraient pas de me remettre les dites peintures et livres de prophéties venant de leurs ancêtres, les premiers rois [de Mexico] (2).

» Moi, le dit Hernan Cortés, ayant entendu tout ce qui précède par l'interprétation de Gerónimo de Aguilar et de Marina, étant présents les capitaines....., les vassaux....., le P. Bartolomé de Olmedo et le licencié Juan Diaz, nous fûmes très satisfaits et nous nous applaudîmes [d'avoir reçu] de si précieux renseignements. Je régalai [les deux caciques] et je leur fis donner des verroteries bleues et vertes, leur disant que je les attendais avant douze jours avec les dites peintures et livres de prophéties. [Je leur expliquai] ce qu'il y avait à faire dans l'intérêt de notre sainte foi catholique pour le service de S. M. et pour la réussite de notre expédition dans la Nouvelle-Espagne. De plus, les susdits offrirent d'assembler [les leurs] pour

(1) Bien que cette pitoyable phraséologie d'un tabellion ne puisse avoir la prétention de reproduire exactement les paroles des caciques, il semblera étrange que, dès leur arrivée au camp de Cortés, ils fussent si bien instruits des doctrines chrétiennes ; mais Bernal Diaz nous apprend que le P. Bartólomé de Olmedo fit, au moyen d'interprètes, des prédications qui furent bien comprises des envoyés de Montezuma (*Hist. de la Nouv.-Espagne*, ch. 40, p. 02 de la trad. de D. Jourdanet). P. Martyr atteste que les interprètes cubains se faisaient assez facilement comprendre non seulement des habitants de Campêche parlant le maya, idiome ayant de l'affinité avec le leur (Barbari appellant interpretes Cubenses nostros quorum idioma, si non idem, consanguineum tamen. *De Orbe novo*, Dec. IV, L III, § 2, p 16 de l'édit. de Madrid, 1802, in 18), mais encore des riverains du rio Grijalva qui dépendait de la fédération Culua (Hic Cubenses interpretes et hi [accolæ] sat commode conveniebant in lingua. Id , *ibid* , § 3, p 18) C'est ce qu'affirme également le P. B de las Casas : « Entendian la [lengua de Tabasco] los cuatro [Indios] que habian preso en la canoa, en el Puerto Descado, y el de Cuba entendio á éstos, y éstos entendieron á los de Tabasco » (*Hist. gen. de las Indias*, t . III, ch 111, p 391 du t II, de l'édit de Mexico, 1877-1878, in-4°).

(2) Pages 4-7 de la *Concession de Cortés*.

les instruire à servir Dieu et notre seigneur et empereur Don Cárlos..... par affection pour nous et dans l'intention de gagner notre amitié et notre protection..... Ils nous supplièrent de leur donner un certificat de leur soumission à Dieu Notre-Seigneur et à S.M. En conséquence, eu égard au zèle des susdits, je leur promis qu'après avoir atteint le but de notre voyage....., je les comblerais tout d'abord d'honneurs en rémunération de leur noble dévouement et bon vouloir..... avec beaucoup d'autres explications relatives à notre sainte foi catholique, que le P. Fr. Bartolomé de Olmedo les exhorta [à suivre] .... Ils renouvelèrent avec tant de zèle..... la prière de ne pas laisser sans punition les graves méfaits de Montezuma et ses offenses à Dieu..... ; [disant] qu'il a beaucoup d'or pris de force et le trésor de son père Axayacatl, plein une salle, à l'état brut sans empreinte, ainsi que quantité de vases et de pots remplis d'émeraudes, de joyaux et de richesses qu'il faudrait enlever pour les envoyer à S. M. Ils prennent congé..... A cet effet on leur donna la présente (1), faite à San Juan de Ulua le vingt du mois de mars (2) de l'année 1519 de l'ère chrétienne, signé : *Don Fernando Cortés.* — Par ordre du capitaine Mon Seigneur : *Pedro Hernandez* (3). — De laquelle allégeance à S. M.,

(1) C'est à-dire la promesse d'investiture qui devait être annexée à la *Concession de Cortés* et qui ne l'est plus.

(2) J.-F Ramirez, qui soutenait l'authenticité de cette concession et qui a enrichi de savantes annotations le texte édité par ses soins dans la première *Coleccion* d'Icazbalceta, fait remarquer que *marzo* (mars, cf. p. 553, n. 3) serait un grossier anachronisme, Cortés n'ayant débarqué à la Vera-Cruz que le 22 avril 1519 ; mais que l'original portait sans doute *mayo* (mai) d'autant plus que les deux mots, sans doute écrits en abrégé selon la coutume des tabellions de ce temps, différaient fort peu. Dans ce cas il faudrait supposer que l'acte qualifié de *présent* n'avait pas été rédigé au moment du départ des deux caciques, mais une quinzaine de jours après leur retour.

(3) Dans sa liste des *Conquistadores*, dressée d'après d'anciens documents et publiée dans *Diccionario universal de historia y de geografia* (Mexico, 1853, in-4°, t. II, p 490. Cf la trad. de l'ouvrage de Bernal Diaz, par D Jourdanet, pp. 885 891), Orozco y Berra cite Pedro Fernandez, avec le titre de Secrétaire de Cortés. Le nom s'écrivait indifféremment avec *F* ou *H* Le prénom de ce Hernandez, secrétaire de Cortés et natif de Séville, n'est

faite en original, on donna [copie] auxdits caciques Tlama-panatzin et Atonaletzin (1).

» Le deuxième jour après le mois d'avril (2) de la dite année, à onze heures de la nuit, lesdits Tlamapanatzin et Atonaletzin, accompagnés de beaucoup de leurs Indiens, chargés de présents et de provisions, vinrent avec les peintures sur toile de *nequene* comme d'ordinaire et des livres de papier de maguey qui sont en usage chez eux, où tout est représenté par peintures, dessins et figures imparfaites de toutes sortes de choses du pays : arbres, montagnes, rivières, chemins, etc., sans exception ; en outre avec un bon écrivain, de ceux qui s'y entendent et étudient à cet effet ; ils étaient pourvus de fines baguettes avec lesquelles ils montraient et expliquaient le contenu,

pas mentionne par Bernal Diaz (*Verdadera historia de la Conquista de la Nueva España*, ch. 205, p 303 de l'édit de Vedia ; p. 819 de la trad. de D. Jourdanet). C'est probablement le même personnage qui signa *Pedro Hernandez* dans la lettre adressée à Charles-Quint par les partisans de Cortés (1520) et publiée par Icazbalceta dans le t 1 de sa première *Coleccion*, p. 433

(1) Pages 7 et 8 de la *Concession de Cortés*.

(2) Le texte porte (p. 8) : « En dos dias del mes de Abril », mots qui sembleraient devoir être traduits par « Au deuxième jour du mois d'Avril », mais il y aurait là une contradiction flagrante avec ce qui précède, puisque le débarquement de Cortés à San Juan de Ulua n'eut lieu que le 22 avril. J.-F. Ramirez, que cet anachronisme embarrassait fort, supposait que le mot *vingt* avait été omis par le copiste et qu'il fallait lire le 22 avril. Dans cette supposition la difficulté ne serait pas moindre, puisque c'est seulement le lendemain, samedi 23 avril, que les deux caciques vinrent pour la première fois au camp de Cortés, et qu'il leur était accordé douze jours pour aller chercher les peintures qui furent apportées à Cortés, « en dos dias del mes de abril » Ne convient-il pas de donner ici à *de* la signification de *desde* qu'il a parfois et traduire les mots ambigus par : « Au deuxième jour depuis le mois d'avril », c'est-à-dire le 2 mai, qui était le dixième jour depuis le samedi saint, 23 avril ? Dans ce cas, les deux caciques n'auraient mis que *dix* jours au lieu de *douze* pour se rendre de la Vera Cruz à Otumba et en revenir. C'est fort possible, car pour aller à Mexico qui est à peu près aussi éloigne du littoral, il suffisait de deux à trois jours (Las Casas, *Hist gen L* III, ch 121, p. 413 du t II de l'édit. de Mexico ; Gomara, p 313 de l'édit de Vedia ; Bernal Diaz, ch. 29, p. 34 de l'édit de Vedia, Torquemada, *Mon. Indiana*, L IV, ch 18, pp 389, 392 du t. I, de la 2e édit). And. de Tápia, l'un des *conquistadores* se rendant à pied et en litière de Mexico à la Vera-Cruz, mit trois jours et demi à faire le trajet (Première *Coleccion* d'Icazbalceta, t. II, p. 587).

en suivant l'ordre. Aussi moi, ledit Hernan Cortés et ceux qui m'accompagnaient, restions-nous stupéfaits des grandes choses que nous voyions, du mode de gouvernement, des ordonnances, des prophéties, des commandements, des exécutions des sentences et des lois de ces contrées (1). En cinq jours, lesdits Tlamapanatzin et Atonaletzin avec leur secrétaire achevèrent de nous faire comprendre le contenu de ces peintures..... Nous rendîmes grâces à Dieu de la bonne fortune que nous avions eue de voir le tout pour notre gouverne et bonne réussite, et pour que l'on se rende compte des temps et des modes, il est nécessaire [d'exposer] devant S. M. Catholique les parties les plus importantes du contenu (2) :

» Sous le règne du premier roi, le grand Acamapichi, en 1384 (3), il vint un homme blanc et barbu, vêtu comme les *papas* (4) de ce pays (5), paraissant être prêtre et tenant un livre à la main. Il dit au roi, dans sa [propre] langue, qu'il était dans une grande erreur..... et que pour bien établir la paix entre eux..... il faudrait [s'entendre] à l'égard de sa succession, parce qu'il..... [détenait] le bien d'autrui, mais que le maître légitime était proche, et qu'il ne laisserait pour héritier aucun de ses fils ; qu'il ne fallait pas sacrifier ses semblables ; qu'il n'était pas nécessaire que l'on demeurât [anthropophage, étant suffisamment pourvu] d'animaux du pays, sans que l'on eût besoin de manger de la chair humaine ; que leurs idoles seraient renversées et que les Fils du soleil [hommes de l'Est] deviendraient maîtres de la contrée ; qu'ils la tyrannise-

---

(1) Dans le *Codex Mendoza*, publié par Kingsborough, on voit des peintures relatives à tous ces sujets, sauf les prophéties.

(2) Pages 8 et 9 de la *Concession de Cortés*.

(3) Cf. *supra*, pp. 551, note 7, et 554, note 8

(4) Voy sur eux notre mem sur la *Tula primitive, berceau des Papas du Nouveau Monde*, dans LE MUSÉON Louvain, 1891, in-8°, pp 207-210.

(5) E Beauvois, *Les Papas du Nouv. Monde*, pp. 176, 177, 227-229, 233. Pour la conformité du costume des papas mexicains avec celui des Papas du Nord de l'Amérique, voy *infra*, pp. 562-563.

raient et s'empareraient des indigènes et de leurs biens, mais quiconque remplirait bien ses devoirs serait avantagé en tout et bien traité par eux (1). »

Il est inutile pour notre sujet de donner l'interprétation des autres peintures décrites dans cette *Concession* émanant de F. Cortés et datée du 16 décembre 1526, c'est-à-dire d'une année où la correspondance des cycles mexicains avec la chronologie espagnole était déjà assez bien établie et où l'on pouvait comprendre toutes les explications des deux caciques mieux qu'il n'avait été possible de le faire en 1519. L'original n'existant plus, il serait aussi difficile de démontrer l'authenticité de l'acte que hasardeux de la nier : la phraséologie peu conforme au style ordinaire de chancellerie, mais bien excusable chez un homme d'épée transformé en tabellion ; les erreurs de dates (relativement aux mois et aux quantièmes), qui ne sont peut-être qu'apparentes (si l'on tient compte des rectifications placées en note) et qui peuvent d'ailleurs être attribuées à l'inadvertance d'un scribe (2), n'ont pas empêché le vice-roi du Mexique, en 1617, de tenir la *Concession de Cortés* (1526) et la *Confirmation* de Charles-Quint (1537) pour émanées réellement du célèbre conquistador et des membres du

---

(1) Outre qu'il est nécessaire d'avoir constamment le texte sous les yeux pour juger si les explications ajoutées entre parenthèses, pour suppléer aux lacunes, concordent bien avec lui, ce passage est si important que nous devons le reproduire intégralement « Estando el gran rey Acamapichi el primero, el año de 1384 vino un hombre blanco con barbas y vestido como papa de la manera de esta tierra, al parecer sacerdote, con un libro en las manos, y le dijo en su lengua que estaba muy engañado. . . y que el obrar bien con la paz entre ellos ... sera cerca .. de su herencia, porque está.. ... [detentor] de cosas ajenas,' y que el legitimo dueño cerca estaba ; y que ninguno de sus hijos dejara por sucesor ; y que no hiciesen sacrificios con sus prójimos, que no era fuerza . lo demorase.... en animales de la tierra, y que no se sustentasen con carnes humanas, y que sus idolos habian de ser derrocados, y que los Hijos del sol se habian de señorear con la tierra y habian de tiranizarlos y de servirse de ellos v sus haciendas, y el que obrase bien en su empleo, en todo seria mejorado y siempre lograria el bien con ellos » (*Conces. de Cortés*, pp. 9 et 10).

(2) Un docteur, qui fut trois fois recteur de l'Université de Mexico, en commit une beaucoup plus grave en parlant du débarquement de F. Cortés à San Juan de Ulua (Voy. *supra*, p. 553, note 3).

Conseil des Indes. Le savant historien Orozco y Berra ne
s'est pas fait scrupule de tirer parti de ce « document
qui, malgré les objections, paraît être authentique (1) ».
En admettant, comme nous n'hésitons pas a le faire, que
l'acte d'allégeance délivré aux deux caciques en 1519, ait
été remanié et interpolé en 1526, s'ensuivrait-il qu'il fût
faux de tout point ? Nous ne le croyons pas. On peut en
effet parfaitement concevoir que les deux caciques aient
fait rédiger de nouveau en 1526 par Alonso Valiente, autre
secrétaire de Cortés, l'attestation succincte de leur allégeance à Charles-Quint délivrée en 1519 par Pedro
Hernandez, et qu'il se soit glissé des erreurs de date dans
cette ampliation ; mais ils n'avaient aucune raison de
falsifier ou de supposer les peintures auxquelles ils se
référaient. En ce point qui eût été de peu de conséquence
pour leurs prétentions, ils avaient tout intérêt à ne rien
avancer qui fût contraire à la vérité et qui eût fait
suspecter le reste. On verra plus loin que les prophéties
sur les Blancs et la date à laquelle on les faisait remonter
(1384 ou quatre générations avant l'arrivée des Espagnols)
n'étaient pas de l'invention des deux caciques et que leurs
contemporains en connaissaient d'analogues (2), « con-
signées dans les mémoriaux de leurs ancêtres », disent
Bernal Diaz (3) et le P. Diego Duran (4). Les passages
de la *Concession de Cortés* relatifs aux révélations et aux
peintures des deux caciques n'ont donc rien d'invraisemblable et, lors même que le premier tableau, le seul

---

(1) Segun un documento que parece auténtico, no obstante no estar exento
de contradiccion (*Hist antigua*, t IV, 1880, p 139).

(2) Voy. les nombreuses sources citees dans notre mem sur *Les Deux
Quetzalcoatl espaynols : J. de Gryalva et F. Cortés* (dans LE MUSÉON,
t IV, Louvain, 1884, in-8°, pp 469-473, 481, 482, 486 note 2, 487-492, 576,
578, 580, 584-588).

(3) Lo tiene señalado en los libros de cosas de memorias (*Verdadera
historia de los sucesos de la conquista de la Nueva España*, ch 101,
edit. de E de Vedia, p 103).

(4) En las profecias de sus antepasados y relaciones lo hallaba profetizado
y escrito (*Hist. de las Indias de Nueva España*, t. II, 1880, p 33)

qui nous concerne ici, serait encadré dans un récit
apocryphe, il n'en serait pas moins une précieuse source
d'information, en ce qu'il nous permet de préciser la date
des prophéties que le public savait assez vaguement avoir
été faites quatre générations [ou 133 ans] avant l'arrivée
des Espagnols de J. de Grijalva ou de F. Cortés. A deux
ou trois exceptions près, tous les documents conservés
s'accordent avec lui pour faire coïncider avec l'année 1384,
sinon l'avènement (1), du moins le règne (2) d'Acamapichtli, premier roi de Mexico.

Le pays civilisé, plus chaud que Drogio et situé au
sud-ouest, est trop bien caractérisé par ses villes, ses
temples, ses sacrifices humains et l'androphagie rituelle (3),
pour que l'on hésite à l'identifier avec le Mexique.
L'homme blanc et barbu, qui y arriva en 1384, devait être
étranger, puisqu'il parlait une langue différente du nahua,
quoiqu'il fût vêtu comme un *papa* du pays. Cette conformité (4) de costume est à noter, car nous savons que celui
des prêtres mexicains était identique tout à la fois à celui de
nos ecclésiastiques et à celui des Toltecs de Quetzalcoatl.
Ce personnage, qui fut le premier *papa* de Cholula (5)
portait, par-dessus sa robe de moine en coton blanc, un
manteau parsemé de croix de couleur (6). Ses compagnons
les Toltecs « étaient bien vêtus, avec de longues robes

(1) J. Suarez de Peralta (*Descubrimiento de las indias*, ch. 12, p. 98,
édité par J. Zaragoza dans ses *Noticias historicas de la Nueva-España*,
(Madrid, 1878 in-4°) dit qu'il fut élu roi en 1384.

(2) Voy. les sources citées *supra*, p. 554, note 8

(3) Voy., *supra*, livraison de juillet 1904, p 138.

(4) Elle provenait tout simplement de ce que les *papas* indigènes avaient de
parti pris imité les missionnaires chrétiens. Voy. les passages cités dans nos
mém sur *La Contrefaçon du Christianisme chez les Mexicains du
moyen âge* dans LE MUSEON, t. XVII, pp 135 et 136, Louvain, 1898 ; et *Les
Blancs précolombiens figurés et décrits dans les plus anciens documents du Mexique et de l'Amérique centrale*, dans REVUE DES QUESTIONS
SCIENTIFIQUES, 2e sér., t. XVI, pp. 96, 97, 100 104, 107, Louvain, 1899, in 8°.

(5) *Codex Tellerianus*, p 138 du t VI de Kingsborough ; *Codex Vati-
canus* n° 3738, *ibid.*, p 177.

(6) A de Tapia, *Op. cit.*, dans la première *Colecc.* d'Icazbalceta, t II,
p. 574 ; Gomara, *Conq. de Méjico*, p. 338 de l'édit Vedia.

à la turque, faites d'étoffes noires comme des soutanes
d'ecclésiastiques, ouvertes par devant et sans capuchon,
à collet formé par échancrure, à manches courtes et
larges qui ne descendaient pas au coude ; telles que celles
dont les indigènes s'accoutrent encore aujourd'hui dans
leurs ballets, *à l'imitation de ces émigrants* », dit J. de
Torquemada (1). Les *papas* Totonacs des environs de la
Vera-Cruz étaient vêtus de « très longs manteaux noirs
à capuchon, comme en portent nos Dominicains ou nos
chanoines à qui ils ressemblent » (2). De même les *papas*
de Mexico « avaient pour vêtements des manteaux
noirâtres en forme de draps de lit, de longues robes
descendant jusqu'aux pieds et des espèces de capuchons
ressemblant à ceux de nos chanoines, tantôt plus petits
comme ceux des Dominicains, tantôt plus longs et
descendant jusqu'à la ceinture ou jusqu'aux pieds » (3).
— Ainsi, tandis que le *Papa* de 1384 se distinguait des
Mexicains par la langue, il se rattachait par le costume,
le teint blanc et la barbe, aux Toltecs de Quetzalcoatl et
par eux aux *Papas* chrétiens des pays gaéliques. Un autre
trait qu'il avait de commun avec ces derniers, c'est le
livre qu'il tenait à la main. Tout prêtre chrétien devait
être muni d'un bréviaire ; aussi les Columbites, qui
fournirent des *Papas* à la Grande Irlande, s'adonnaient-ils
à la transcription des ouvrages religieux (4) ; ils en avaient
dans leurs établissements en Islande (5) ; il est vraisemblable qu'ils en emportèrent également dans l'Estotilanda,
puisqu'il s'en trouvait dans la bibliothèque du roi à la
fin du XIVᵉ siècle (6), et que les Toltecs de Quetzalcoatl,
passés de ce pays au Mexique dans le cours du IXᵉ siècle,

---

(1) *Mon. ind.*, L. III. ch 7, pp. 234 et 235 du t. I.
(2) Bernal Diaz, ch. 14, p. 12 de l'éd. de Vedia.
(3) Id., *ibid*, ch. 52, pp. 45 et 46.
(4) Voy. notre mém. sur *Les Premiers Chrétiens des iles Nordatlantiques* dans LE MUSÉON, t. VIII, Louvain, 1888, in-8°, pp. 322 et 323.
(5) *La Découv du Nouv. Monde par les Irlandais*, pp. 71 et 72
(6) Voy. livr. de juillet 1904, p. 138, et *supra*, p. 548.

en étaient pourvus (1). Les habitants de Tlaxcala, évangélisés par eux, disaient qu'ils se conduisaient d'après de petits livres (2). La bibliophilie était un des traits caractéristiques des Columbites.

Les paroles de paix, la prohibition des sacrifices humains, les prédications contre l'idolâtrie cadrent bien avec l'idée que l'on se fait du caractère évangélique du *papa* de 1384 et complètent sa ressemblance avec le Quetzalcoatl du ixe siècle ; ressemblance telle aux points de vue de la physiologie, de la doctrine et du costume, que Montezuma II a pu confondre les deux personnages, quoique séparés, il ne l'ignorait pas, par un long espace de temps (3). Le second ne fit que répéter, probablement

(1) Sahagun, *Hist gén.* L III, ch. 13 ; L IV, ch. 1 ; L. X, ch. 29, §§ 1, 12, pp 218, 240, 058, 674 de la trad franç

(2) Muñoz Camargo, *Hist. de la république de Tlaxcallan*, trad par Ternaux-Compans, 2e art. dans NOUV. ANNALES DES VOYAGES, 4e ser., t. XV, juill. sept 1843, p. 145. Cf. notre mém sur les *Traces d'influence européenne dans les langues, les sciences et l industrie précolombiennes du Mexique et de l'Amérique centrale* (dans REVUE DES QUEST. SCIENTIF., 2e sér., t XI. Louvain, 1897, pp 508-514).

(3) Les paroles de l'infortune monarque sont tellement importantes pour notre sujet qu'il faut les reproduire, sinon textuellement, du moins dans la traduction qu'en a donnee F Cortes : « Muchos dias há que por nuestras escrituras tenemos de nuestros antepasados noticia que yo ni todos los que en esta tierra habitamos no somos naturales della sino extranjeros y venidos á ella de partes muy extrañas ; e tenemos asimismo que á estas partes trajo nuestra generacion un señor, cuyos vasallos todos eran, el cual se volvió á su naturaleza, y despues tornó á venir dende en mucho tiempo, y tanto, que ya estaban casados los que habian quedado con las mujeres naturales de la tierra, y tenian mucha generacion y fechos pueblos donde vivian ; ó queriéndolos llevar consigo no quisieron ir, ni menos recibirle por señor ; y asi se volvió E siempre hemos tenido que de los que dél descendiesen habian de venir á sojuzgar esta tierra y á nosotros, como á sus vasallos E segun de la parte que vos decis que venis, que es á do sale el sol, y las cosas que decis deste gran señor ó rey que acá os envió, creemos y tenemos por cierto él ser nuestro señor natural,. E por tanto vos sed cierto que os obedecerémos y tenerémos por señor en lugar de ese gran señor que decis... E pues estais en vuestra naturaleza y en vuestra casa, holgad y descansad del trabajo del camino » (F Cortes. *Segunda carta de relacion*, du 30 octobre 1520, dans le t. I, p. 25 de *Historadores primitivos de Indias*, édit. par E. de Vedia. Madrid, 1863. gr. in-8°) (Depuis bien longtemps nous savons par nos écrits relatifs à l'histoire de nos ancêtres que moi et tous ceux qui habitons cette terre nous n'en sommes pas originaires, mais bien etrangers et venus de

sans le savoir, les prédictions du premier sur la venue
des Fils du soleil (hommes de l'Est, Blancs) qui sou-
mettraient le Mexique et supprimeraient l'idolâtrie (1). Les
prophéties, attribuées non seulement aux saints, mais
encore aux païens et surtout aux druides, tenaient une
si grande place dans les croyances et la littérature des
anciens Gaëls, que E. O'Curry leur consacre non moins
de trois chapitres sur vingt et un dans ses *Lectures on the
manuscript materials of ancient Irish history* (2) ; on ne
sera donc pas surpris d'en retrouver quelques-unes chez
leurs coreligionnaires du nouveau monde (3). Celle de
Topiltzin-Quetzalcoatl au ixᵉ siècle, concernant les futurs

pays lointains. Nous savons aussi que notre génération a été amenée dans
ces contrées par un seigneur dont tous étaient sujets et qui retourna dans
sa patrie [le Quetzalcoatl du ixᵉ siècle]. Il en revint longtemps après [le
Papa de 1384], si longtemps que les gens restés ici, s'étant mariés avec les
femmes indigènes, en avaient eu beaucoup d'enfants et avaient bâti des
bourgades où ils vivaient Lorsqu'il voulut les emmener avec lui, ils refu-
sèrent de le suivre et même de le reconnaître pour seigneur. Il repartit
donc Nous avons toujours cru que ses descendants viendraient subjuguer
cette terre et faire de nous ses vassaux D'après ce que vous dites du pays
d'où vous venez qui est situé au soleil levant, et du grand seigneur ou roi
qui vous a envoyé, nous croyons et nous tenons pour certain qu'il est notre
seigneur naturel   Aussi soyez assuré que nous vous obéirons et que nous
vous reconnaîtrons comme seigneur au lieu et place du grand roi dont vous
parlez.. Étant dans votre patrie et dans votre maison, récréez-vous et
reposez-vous des fatigues du voyage.) Il ne fut pas moins explicite dans
un autre discours qu'il prononça devant tous les chefs des villes et contrées
voisines de Mexico ; il dit de plus que le grand seigneur, en s'en retournant
pour la seconde fois, « annonça qu'il reviendrait ou enverrait assez de forces
pour les soumettre et les réduire à son service » (Dejó dicho que tornaria
ó enviaria con tal poder, que los pudiese costreñir y atraer á su servicio. —
Id., *ibid* , p. 30)

(1) Voyez *supra*, note 2 de la p 561.
(2) Dublin, 2ᵉ tirage, 1878, in-8°, pp. 382-434. — Cf. H. d'Arbois de Jubainville, *Introduction à l'étude de la littérature celtique.* Paris, 1883,
in-8°, pp. 131 134.
(3) Il faudrait tout un mémoire pour exposer en détail, comme elles le
méritent, celles qui étaient répandues dans les pays et chez les peuples qui
avaient été en relation avec Quetzalcoatl et ses Toltecs ou leurs descendants :
les Totonacs, Tula, Cholula, Tlaxcala, les Xochimilcs, les Chalcs, les Cuit-
lahuacs, les Mizques, les Cholultecs de Nicoya dans le Nicaragua, les Mixtecs,
les Mixes, les Zapotecs, les Mayas, les Tarascs du Michoacan, le Xalisco Et
dans cette énumération nous ne comprenons que celles qui ont rapport à la
future domination des Blancs.

conquérants de race blanche doit être rapprochée de celle du *Papa* de 1384, si l'on veut comprendre les allusions de Montezuma au premier de ces Quetzalcoatl et à son avatar [de 1384], dont F. Cortés, confondu avec J. de Grijalva, aurait été une nouvelle incarnation. Il ressort de ces mémorables paroles que le chef des Blancs de l'Estotilanda, successeur de Quetzalcoatl qui avait émigré au IX° siècle de Teoculuacan dans la Grande Irlande pour civiliser les barbares du Mexique, avait déjà été regardé comme le maître légitime du trône détenu par Acama-pichtli ; car c'était une opinion enracinée dans l'esprit des sujets de Montezuma II, que les Tenuches de Mexico, en se substituant aux rois de Teoculuacan (1), étaient devenus les lieutenants du Quetzalcoatl du IX° siècle, lequel avait promis de revenir occuper son trône ; que, les contem-porains du *Papa* de 1384 ayant refusé de se soumettre à lui, Acamapichtli leur roi était un usurpateur et que ses successeurs devaient rendre la couronne soit à Quet-zalcoatl (2), soit à son avatar personnifié au XVI° siècle, soit par Cortés, soit plutôt par Charles-Quint (3).

Ainsi, le roi de Mexico était regardé par les siens et se regardait lui-même comme un intrus, et il n'était pas difficile de conjecturer qu'après l'avoir renversé, les Blancs

---

(1) Voy. *Les Papas du Nouv. Monde*, pp. 184-188, 213-219, 223-225.

(2) Y fue tan creida su buelta de estos Mexicanos, que los que entraban reinando, recibian el reino con esta condicion, de que eran tenientes de su señor Quetzalcohuatl, y que en viniendo se lo dexarian, y le obedecerian, como vasallos, en él (J. de Torquemada, *Mon. ind.*, L IV, ch. 14, p 380 du t. I. Cf Sahagun, *Hist gén.*, L. XII, ch 14, 16, pp. 801, 811 et 812 de la trad. franç.; D Duran, *Hist de las Indias*, t. II, pp. 5, 12, 85; Tezozomoc. *Cron Mexicana*, ch 107, p. 687 de l'edit d'Orozco y Berra). De même dans l'Iran, les rois de Perse et les autres princes Schiites se regardaient comme de simples lieutenants d'Ali, gendre de Mahomet, et selon eux son legitime héritier. Aussi s'intitulaient-ils : *Ghulami Ali* (serviteur d'Ali); *Bendehi schahi vilayat* (esclave du roi du pays); *Kalbi Ali* (chien d'Ali), qui continua longtemps après sa mort a être tenu pour le vrai roi de Perse (J. Darmstetter, dans REVUE CRIT. D'HIST ET DE LITTÉR., 24° annee, n° 17, 28 avril 1890, p. 324).

(3) De même qu'il avait été personnifié en 1384 par le *Papa*, ou plutôt par le chef des Blancs de l'Estotilanda.

tyranniseraient ses sujets. Le *Papa* de 1384 n'avait pas besoin d'être un vrai prophète pour annoncer que les Européens, ayant une fois retrouvé le chemin du nouveau monde, n'auraient pas de peine à triompher de populations mal armées et feraient subir aux indigènes païens les mêmes traitements que les Croisés infligeaient aux infidèles. Mais il eût fallu être doué de prescience pour savoir ce qui arriverait à la mort d'Acamapichtli. Le trône de ce premier roi de Mexico restait fort précaire et l'on pouvait supposer qu'aucun de ses nombreux enfants ne lui succéderait. C'est ce que crut le *Papa* ; il se trompait (1), mais son erreur même prouve que la prédiction n'a pas été faite après coup et qu'on ne l'a pas remaniée pour la faire concorder avec les faits.

Malgré cette erreur palpable, la prédiction du *Papa*, renouvelée de celle du premier Quetzalcoatl historique, causa un tel émoi que les contemporains la gravèrent dans leur mémoire et la consignèrent dans leurs iconophones pour la transmettre à la postérité ; car c'est évidemment d'elle qu'il s'agit dans les peintures de Montezuma Ier (2) et dans un curieux passage de l'*Histoire ecclésiastique* de G. de Mendieta. D'après ce grave historien, les indigènes du Mexique « rapportaient que longtemps avant l'arrivée des Espagnols, quatre générations auparavant (3), les

---

(1) Puisque Huitzilihuitl, fils d'Acamapichi, fut élu roi après son père.

(2) Qui fut le cinquième roi de Mexico et qui régna selon les uns de 1440 à 1460 ; qui monta sur le trône selon d'autres entre 1430 et 1450 et mourut entre 1464 et 1480. Des magiciens qu'il avait chargés de faire une enquête dans les pays d'où venaient ses ancêtres rapportèrent de sinistres prédictions et, en effet, « l'on trouva dans les écritures et prophéties, que certains Fils du soleil [des Blancs] devaient venir de l'Est et expulser son dieu et détruire » les Mexicains (D Duran, *Hist de las Indias*, t I, p. 220 ; Cf. notre mém sur l'*Elysée des Mexicains*, dans REVUE DE L'HIST. DES RELIGIONS, t X, 1884, in-8°, pp. 318-327). C'est à quoi fait allusion un des tableaux présentés à Cortés par les deux caciques : « On lui annonça beaucoup de choses attristantes ... Il fit des livres de [ces] prophéties » (Se le profetizó muchas res lastimosas... este hizo libros de profecias *Conces. de Cortés*, p 11)

(3) En en comptant comme d'ordinaire trois par siècle, on a trois siècles un tiers, soit 133 ans, à retrancher de 1519, ce qui nous porte à l'année 1386,

pères et les mères, s'abouchant avec leurs fils et les
vieillards avec les jeunes gens de la famille, leur annon-
çaient ce qui devait arriver : *Sachez*, disaient-ils, *qu'il
viendra une race barbue, la tête couverte de coiffures
comme des apaztles* (1), c'est-à-dire comme des bassins ou
vases de terre, ou comme des couvercles d'amphores (2)
(ils appelaient ainsi les chapeaux et bonnets qu'ils n'avaient
jamais portés ou vus) : *ils viendront avec des vêtements de
couleur* (également inusités chez eux). *A leur arrivée
toutes les guerres cesseront ; la paix et la concorde régne-
ront dans le monde entier* (ils parlaient ainsi dans la
croyance que le monde ne s'étendait que jusqu'à la mer) ;
*le monde sera ouvert ; on fera des chemins en toute contrée
pour communiquer les uns avec les autres et aller partout.*
Ils raisonnaient ainsi, parce que au temps de la gentilité
tout était fermé ; ils ne communiquaient ni ne commer-
çaient les uns avec les autres, à cause des guerres con-
tinuelles qui régnaient entre les divers pays. *Alors*,
ajoutaient-ils, *on vendra sur les marchés du cacao* (qui est
une sorte d'amande dont ils font une boisson rafraîchis-
sante) ; *on y vendra des plumes précieuses, du coton, des
mantes*, et d'autres choses dont ils manquaient en beaucoup de contrées, tant ils étaient privés de commerce et
de communications ; le sel même leur faisait défaut. Ils
disaient en outre : *Alors périront nos dieux ; il n'y en
aura plus qu'un seul au monde et il ne sera laissé qu'une*

---

bien rapprochée de la date que la *Concession de Cortés* donne pour l'appa-
rition d'un *Papa* de race blanche.

(1) Ce mot entre dans la composition de *cuapaz*, nom par lequel les
Mexicains désignaient les bonnets et les grands chapeaux des Espagnols, et
que Orozco y Berra (dans son édit. de Tezozomoc, p. 692) décompose en
cuaitl, tête, et *apaztli*, vase, le tout signifiant : couvre-chef en forme de
vase. Ce composé était d'autant mieux forgé qu'il dépeignait l'objet et en
même temps rendait à peu près le son du mot espagnol correspondant :
capacete, cabasset, sorte de casque ou morion.

(2) « Como cobertores de las trojes ». *Troj* signifie d'ordinaire grenier, mais
il a également le sens de grande amphore (Torquemada, *Mon. ind.*, L. IV,
ch. 57, p. 472 du t. I).

femme à chacun de nous. Comment pourrons-nous vivre ?
Sachez, enfants, que cela arrivera peut-être de votre temps,
ou du temps de vos fils ou petits-fils (1). Les vieillards
vivaient dans cette attente effroyable, transmettant de père
en fils ces avertissements aux jeunes gens. Ces raisonne-
ments qu'ils tenaient entre eux leur faisaient considérer
avec beaucoup d'attention les phénomènes rapportés plus
haut (2) et d'autres qui ne sont pas arrivés à ma connaissance. Ils les tenaient pour des pronostics de la future
destruction de leurs dieux, de leurs rites et de leur
liberté (3). »

L'exposé que l'on vient d'emprunter à Mendieta nous
aide à comprendre la trop brève allusion que Montezuma
fait aux mêmes prophéties dans un passage de Tezozomoc.
L'infortuné monarque, ayant appris l'arrivée de Cortés et
ayant constaté la conformité des anciens récits avec les
peintures représentant les Espagnols, aurait dit : « Au
bout de quatre générations qui se sont succédé, depuis
que les nôtres meurent et se multiplient, ce qui fait de

(1) On voit par là que la prédiction n'indiquait pas, même approximative-
ment, le temps où elle s'accomplirait. Ce sont les contemporains de Montezuma II qui, épouvantés par de terrible calamités (ravages des sauterelles,
chute de neige, inondations, famine) et par des phénomènes peu ordinaires
(ciel embrasé, comètes), joints à l'établissement des Espagnols dans les
Antilles, et se voyant à la veille de la catastrophe annoncée, ont constaté
qu'elle était connue depuis quatre générations. En tout cas, ce n'est pas
Mendieta qui a ajouté cette date approximative pour la faire coïncider avec
la prédiction de 1384 ; car il s'étonne que cet événement ait été prévu si
longtemps d'avance (*Historia eclesiástica indiana*, édition de J.-G. Icazbalceta. Mexico, 1870, gr. in 8°, L. III, ch. 2, p. 181)

(2) Id., *ibid.*, pp. 178-180.

(3) Id., *ibid.*, pp. 180 et 181. Ce passage a été reproduit presque mot à
mot par Torquemada, *Mon ind*, L. II, ch. 90, pp. 255 et 236 du t. I. De
même A. de Vetancurt dit : « Las señas que en México precedieron [su
ruyna] fueron grandes, porque los viejos decian á sus hijos, quatro genera-
ciones antes, como avian de venir de el Oriente muchos hombres barbudos,
que avian de poseer el reyno, y perecieran sus dioses. El año de 1505 hubo
grande hambre » (*Teatro Mexicano*, part. III, trat. I, ch. 8, p. 125) Mais
on ne peut donner ce témoignage comme original, ce n'est probablement
qu'un écho soit de Mendieta que cite Vetancurt dans la liste des sources,
soit de Torquemada qu'il abrège. Il ajoute, comme le P. Duran (voy. *supra*,
p. 567, n. 1) que les conquérants viendraient de l'Est.

cent à cent ans (1), je suis en peine de savoir quelle race doit venir dominer dans notre pays » (2).

La prédiction contenue dans les passages soulignés de Mendieta ne peut avoir été faite que lors du passage au Mexique du pêcheur frislandais et de ses compagnons de captivité. La physionomie des futurs conquérants, leur costume, les allusions au monothéisme qu'ils professaient, la monogamie qu'ils devaient imposer, les relations commerciales qu'ils étendraient, la paix qu'ils établiraient, tout dénote qu'il s'agit là des Blancs, ces Fils du soleil annoncés à Montezuma I (3). La réalité de la prédiction de 1384 se trouve ainsi confirmée (avec une évidence que n'avait entrevue aucun de nos prédécesseurs) par deux documents (4) complètement indépendants l'un de l'autre et néanmoins concordants. Il est donc permis à la critique la plus sévère d'admettre qu'ayant été faite quatre générations avant la ruine de la fédération mexicaine, elle est identique à celle que les indigènes se transmirent oralement jusqu'à la fin du règne du Montezuma II et que ce prince entreprit vainement de supprimer en faisant brûler les peintures conservées par les descendants respectifs d'Acamapichtli et de Montezuma Ier (5). Leur auteur était blanc, barbu comme les futurs dominateurs du Mexique, vêtu comme eux à l'européenne et comme les *papas* indigènes, qui avaient eux-mêmes imité ceux de la Grande Irlande ou Estotilanda (6). Mais, outre que ses enseignements ne permettent pas de le confondre avec les prêtres Mexicains, il s'en distinguait par un trait caractéristique

---

(1) Les fractions de siècle ont été omises, mais l'original devait porter de 120 à 133 ans, selon que l'on compte 30 à 33 ans par génération

(2) *Cron. mexic.*, ch. 108, p. 692 de l'édit. d Orozco y Berra.

(3) Voy. *supra*, p. 567, note 2.

(4) Les histoires de Mendieta et de Tezozomoc , nous n'ajoutons pas celles de Torquemada et de Vetancurt qui reproduisent ou résument les assertions du premier.

(5) Voy. *supra*, p. 555

(6) Voy. notre mém. sur *Les Blancs précolombiens*, pp. 99-103.

de sa physionomie, car les Indiens étaient généralement
imberbes (1), « ayant l'habitude de s'épiler de manière à
ne garder aucun poil ; aussi furent-ils émerveillés de voir
finalement venir avec Cortés les Espagnols pourvus de
barbe, comme ce fait étrange et inusité chez eux leur
avait été anciennement annoncé » (2). Aussi *barbudo* était-
il, pour ceux qui savaient un peu d'espagnol, synonyme
de *blanc*, d'européen (3). Le costume des hommes barbus
ne tranchait pas moins avec celui des indigènes. Ceux-ci
n'avaient pour coiffure que leurs tresses de cheveux atta-
chés de diverses manières (4) ; les demi-mitres, que por-
taient exclusivement les chefs (5), servaient moins à
couvrir la tête qu'à l'ombrager ; c'étaient des espèces
d'écrans, larges sur le front, pointus en haut, qui étaient
fixés sur le crâne au moyen de bandeaux (6). Les vêtements de couleur étaient, au dire du P. D. Duran (7),
caractéristiques pour les *Papas* du ixe siècle, par suite
pour ceux du xvie, qui les imitaient en ce point (8), et en
même temps pour le *Papa* de 1384, ainsi que pour ses
congénères donnés par lui comme prototypes des futurs
dominateurs (9).

De la sorte, on peut attribuer à un seul personnage la
prédiction de 1384, celle dont parle Mendieta et celle qui
était consignée dans les iconophones de Montezuma l'An-

(1) Antonio de Herrera, *Historia general de los hechos de los Castel-
lanos en las islas i tierra firme del mar Oceano*, 2e édit. Madrid, 1730,
in-fol. Déc. IV, L. X, ch. 3, p 200 ; Dec VII, L I, ch 9. p 14

(2) Mendieta, *Hist. ecles ind* L II, ch 13. p. 96.

(3) Gomara, *Conq. de Méjico*, p. 303 ; J de Villagutierre y Soto Mayor,
Historia de la conquista de El Itza. Madrid. 1701, in-fol., pp 44, 46, 49.
Cf. notre mém sur *Les Blancs précolombiens*, pp 83 92, 99

(4) *Relazione di alcune cose della Nuova Spagna per uno gentil-
uomo del S. Fernando Cortese*, dans le t I. p 377 de la première *Col
d Icazbalceta*.

(5) Torquemada, *Mon. ind.*, L. XI. ch. 31, p. 369 du t II.

(6) Voy. *Les Blancs précolomb.*, pp. 104 et 105

(7) *Hist de las Indias*, t. II, p. 76.

(8) Voy. *supra*. pp. 562 et 563.

(9) Voy *Les Blancs précol*, pp 90-103

cien. En les combinant, avec les documents qui nous les font connaître, il est facile de reconstituer à grands traits la physionomie de leur auteur. Ce n'était pas un *papa* du Mexique, pas même un descendant des indigènes qui avaient été évangélisés par les *Papas* columbites, car il était blanc et barbu comme les *Papas* gaëls, établis depuis le ix⁰ siècle dans la Grande Irlande (1), le pays des Scots (Estotilanda), où la civilisation européenne s'était maintenue jusqu'au xiv⁰ siècle, ainsi que le christianisme puisqu'on y conservait encore des livres latins. Le pronostiqueur était également muni d'un livre, comme devait en avoir chaque *papa* columbite ; son costume, ses doctrines, ses idées humanitaires, comme les leurs, dénotent que c'était un chrétien, et vraisemblablement un de ceux qui étaient partis de l'Estotilanda avec le pêcheur frislandais, qui avaient été emmenés en captivité avec lui et qu'il avait laissés au Mexique, en le quittant vers 1388. Leur présence dans ce pays au temps où les documents mexicains attestent qu'il y alla un homme blanc, barbu, civilisé, est une preuve suffisante de la bonne foi du pêcheur, et, par suite, de la véracité des Zeno, qu'il eût été impossible de démontrer en ce point, sans ces indéniables et concluantes coïncidences !

(1) Voy nos mém. sur *La Découv du Nouveau-Monde par les Irlandais* et sur *La Grande-Irlande*.

Lightning Source UK Ltd.
Milton Keynes UK
UKOW05f2325150616

276411UK00013B/493/P